SKRIFTENS VITNESBYRD OM
MESSIAS' GUDDOMMELIGHET

SNUBLESTEINEN

Lars Enarson

Israelbok.no
Himmelbok.no

Snublesteinen
Originalens tittel: Stötestenen
Copyright denne oversettelse © 2019 Jon Andersen
Alle rettigheter reservert.
Hvis intet annet er angitt er alle bibelsitater henter
    fra Offentlig moderne bibels oversettelse, se
    www.offentligbibel.no.
Trykk: IngramSpark
1. utgave på papir, juni 2019
Utgitt av Israelbok, en filial av Himmelbok.no
ISBN: 978-91-984917-0-8

Til alle dyrebare sjeler
som hungrer etter sannheten!

Innhold

HVA LEDERE SIER OM SNUBLESTEINEN

«Dette er en meget god oppsummering av argumentene for Jeshuas fulle guddommelighet. Det er en vidunderlig parallell til noe av dagens beste akademiske lærdom. Jeg anbefaler den varmt. Men dette er mer enn en oppsummering av Jeshuas guddom. Den holder fast ved det vidunderlige håpet om det jødiske folkets gjenopprettelse. En meget god bok!»

– Daniel Juster, Th.D.
Messiansk rabbi, Tikkun International
Jerusalem, Israel

«Dette var fremragende. Klart, konsist, åpenbarende, uten feil, og en bemerkelsesverdig presentasjon av sannheten ... jeg vil si at dine skrifter og åpenbaring om Guds sønn var blant det mest salvede og tydelige skriftene som jeg noensinne har lest. Du har forfulgt sannheten om Kristus med en slik sterk iver at mange vil bli oppbygd.»

– Francis Frangipane
Predikant, forfatter og pastor
Cedar Rapids, USA

«Snublesteinen er en timelig bestrebelse på å innta en modig innstilling for sannheten uten kompromiss midt i en synkende *ecclesia* hvis grunnvoll gradvis blir visket ut. Jeg kan varmt anbefale denne boka og anmoder deg om å dele

7

sannheten med dem som står deg nær som kan
stille spørsmål ved denne fundamentale
sannheten i *besorah tova* – de gode nyhetene om
frelse ved tro på Messias Jeshua.»

– Herschel Raysman
Leder, Beit Ariel Messianic Jewish Congregation
Cape Town, Sør-Afrika

«Mange kristne israelvenner som fører en dialog
med det jødiske folket, blir ofte konfrontert med
misforståelsen om at kristne tror på tre guder.
Når det skjer, er samtalen raskt slutt. Når han har
gransket skriftene, har Lars Enarson funnet
sannheten etter grundige undersøkelser. Hans
undersøkelser og granskning etter sannheten har
gitt oss en av de mest verdifulle studiene om
dette emner som jeg noensinne har lest. Jeg kan
varmt anbefale denne boka.»

– Jack Van Der Tang
Direktør, Pillar of Fire Ministries
Haag, Holland

INNLEDNING

E vangeliet har kommet til oss fra det jødiske folket. Etter oppstandelsen forklarte Jesus for disiplene sine:

> Og han sa til dem: «Slik står det skrevet, at Messias skal lide og oppstå fra de døde på den tredje dag, og at i hans navn skal omvendelse og syndenes forlatelse forkynnes for alle folkeslag, **fra Jerusalem.**»
>
> Lukas' evangelium 24,46-47

De siste versene i Lukas' evangelium forklarer: «Og de tilba ham og vendte tilbake til Jerusalem med stor glede. **Og de var alltid i templet og lovet og priste Gud.**» (Lukas 24,52-53.)

Ti dager senere falt Den hellige ånd over disiplene klokka ni om morgenen, under morgen-bønnen i templet i forbindelse med ukenes fest (pinsen), den femtiende dagen. Det som Lukas beskriver i andre kapittel av Apostlenes gjerninger,

9

var en helt jødisk begivenhet. Jøder, proselytter og «gudfryktige» fra hele den kjente verden var samlet i Jerusalem for å feire ukenes fest i overensstemmelse med befalingen i Moseloven. Det var i templet under en av Herrens høytider som evangeliet om Messias ble forkynt av apostlene for første gang.

Det ville ta flere år før hedningene kom til tro på Israels lovede Messias og ble innlemmet i den messianske jødiske bevegelsen fra Jerusalem. Siden ble evangeliet spredt raskt. Skarer av hedninger kom til tro. Paulus beskriver evangeliet om Messias' hemmelighet som han forkynte for hendingene:

> At **hedningene er medarvinger** og hører med til legemet og har del i løftet i Kristus Jesus ved evangeliet, som jeg er blitt tjener for etter den Guds nådes gave som er gitt meg ved virksomheten av hans makt.
>
> Paulus' brev til efeserne 3,6-7

Mot slutten av det første århundre begynte imidlertid jøder og hedninger å gå separate veier. Jødedommen og kristendommen begynte å utvikles som to forskjellige religioner, og etterhvert ble de de verste fiendene. Det var en tøff og vanskelig skilsmisse. Den kristne kirken som utviklet seg, forkastet skritt for skritt alt det som man betraktet som jødisk. Den internasjonalt kjente svenske teologen og forskeren Magnus Zetterholm forklarte hvordan dette skjedde i boka *Lagen som*

10

evangelium – Den nya synen på Paulus och judendomen:

> På begynnelsen av 100-tallet ble Jesus-bevegelsen transformert, og den kristendommen som vi kjenner i dag, oppstår som en ikke-jødisk religion der jødisk identitet er uforenlig med det å være kristen ... Allerede i midten av det andre århundre har den ikke-jødiske delen av Jesus-bevegelsen lykkes med å etablere ideen om at kirken har erstattet jødene som det utvalgte folket ... Det som begynte som en jødisk messiansk bevegelse, har på relativt kort tid – under hundre år – utviklet seg til en religiøs bevegelse som i det vesentlige motsier sin opprinnelse.[1]

Før denne tragiske skilsmissen fant sted, skrev Judas i sitt brev: «Dere elskede! Mens jeg gjorde meg all flid med å skrive til dere om vår felles frelse, så jeg meg nødt til å skrive til dere med en formaning om å stride for **den troen som én gang er overgitt til de hellige.**» (Jud 3.)

Senteret for den troen som Judas snakker om, var i «modermenigheten» i Jerusalem. Forskerne tror at da Judas skrev disse ordene, hadde minst 30 prosent

---

1 Zetterholm M, *Lagen som evangelium? Den nya synen på Paulus och judendomen.* Studentlitteratur, Lund 2006, side 37, 61, 62.

av jødene i Jerusalem kommet til tro på Jeshua[2] fra
Nasaret som sin Messias (se Apg 21,20).

Det er vår bønn å få se en gjenopprettelse av
denne opprinnelige troen «som én gang er overgitt
til de hellige». Evangeliet har nemlig ikke bare en
begynnelse og opprinnelse i Jerusalem. Det er også
der som den herlige avslutningen vil finne sted i
forbindelse med at det jødiske folket i Jerusalem
ønsker sin Messias velkommen. «Jerusalem,
Jerusalem! Du som slår i hjel profetene og steiner
dem som er sendt til deg! ... Fra nå av skal dere
ikke se meg før dere sier: Velsignet være han som
kommer i Herrens navn!» (Matt 23,37.39.)

Paulus skriver angående dette: «For hvis verden
er blitt forsont med Gud ved deres forkastelse, hva
ellers vil da deres mottagelse bli enn liv av døde?»
(Rom 11,15.)

Det er bare det opprinnelige evangeliet som ble
forkynt av apostlene i overensstemmelse med
Moses og profetene, som kan forårsake denne
omvendelsen som kommer til å forvandle hele
verden.

EN AVGJØRENDE KAMPSAK

Etter splittelsen av jødedommen og kristendommen
ble spørsmålet om Messias' guddommelighet den

---

2 Jeshua er Jesu opprinnelige jødiske navn. Det norske
navnet Jesus er en oversettelse fra den greske oversettelsen
Iesous fra det opprinnelige hebraiske navnet *Jeshua*. Det er
viktig å betone att verdens frelser er jøde. Han er det
jødiske folkets lovede Messias. I denne boka bruker vi for
det meste det opprinnelige navnet Jeshua.

avgjørende forskjellen mellom de to religionene. Læren om treenigheten utviklet seg innenfor kirken mens jødedommen helt forkastet troen på en guddommelig Messias. En ekspert innenfor dialogen mellom jødiske rabbinere og kristne teologer har uttrykt det på denne måten: «Troen på Jesu Gud forener jøder og kristne. Troen på Jesus som Gud skiller oss.»

Med gjenopprettelsen av den messianske jødiske bevegelsen i vår tid har dette spørsmålet atter en gang blitt aktuelt. For noen år siden intervjuet bladet *Israel Today* tolv messianske jødiske ledere i Israel og spurte dem om de tror at Jeshua er Gud. Av disse tolv messianske lederne var det fem, altså nesten halvparten av de spurte, som svarte nei. En av de mest respekterte messianske teologene i Israel, som leder den eldste messianske menigheten i Jerusalem, og som har skrevet flere bøker og bibelkommentarer, svarte rett fram: «Den som vil gjøre Jesus til Gud, har gått vill på troens vandring.» En annen messiansk menighetsleder svarte: «Treenigheten er helt og fullt hedensk.» På den andre siden svarte en av de messianske lederne: «De som ikke ser Jeshua som Gud, er, etter min oppfatning, mennesker som ikke i virkeligheten tror på Jesus.»

HENSIKTEN MED BOKA

Hensikten med denne boka er at jeg vil fra min egen erfaring hjelpe så mange som mulig med å finne fram i dette avgjørende og samtidig komplekse spørsmålet som de fleste kristne tar for gitt og nesten aldri reflekterer over.

Vanligvis tar det tid å balansere nye sannheter som man oppdager i Bibelen. I min iver etter å omfavne den opprinnelige jødiske, apostoliske troen for å nå så mange jøder som mulig med evangeliet, gikk jeg selv for langt. I november 2006 publiserte jeg en troserklæring som var et kompromiss mellom jødisk og kristen tro. Jeg har aldri fornektet Jesu guddommelighet, siden det alltid har vært klart for meg ut fra Bibelen at Jesus er mer enn bare et menneske. Derimot forkastet jeg treenighetslæren og Jesu fulle guddommelighet. Det var en umoden uttalelse som jeg i dag beklager og angrer dypt.

Det kom en sterk reaksjon fra venner og kolleger. Etter en stund bestemte jeg meg for å avsette en tid i bønn og faste for å søke Gud om dette spørsmålet. Det varte ikke lenge før Den hellige ånd overbeviste meg om at jeg hadde tatt feil. Sønderknust og med dype tårer omvendte jeg meg innfor Herren og ba ham om tilgivelse.

Jeg har under alle år som forkynner alltid hatt for vane at når Gud har vist meg noe under bønn, så har jeg alltid bedt om at han også skal vise meg dette i det skrevne Ordet. Min omvendelse førte meg derfor inn i en lengre periode med et intensivt studium i Guds ord i dette emnet samtidig som jeg ba Gud om å vise meg sannheten. Det er resultatet av disse studiene som jeg formidler i denne boka. Jeg inviterer deg til å be og nøye studere sammen med meg det som Skriftene har å si angående dette spørsmålet.

Ved å utgi denne boka, vil jeg også offentlig fra dypet av mitt hjerte be Kristi kropp om tilgivelse for det tidligere standpunktet mitt, spesielt fra dem som jeg fikk feilaktig innflytelse over. Jeg takker Gud for hans barmhjertighet og tilgivelse. Jeshuas ord til Peter har styrket meg: «Simon, Simon! Se, Satan krevde å få makt over dere for å sikte dere som hvete, men jeg ba for deg at din tro ikke måtte svikte, og når du en gang omvender deg, må du styrke dine brødre.» (Luk 22,31-32.)

Jeg er også takknemlig for den oppmuntringen som jeg har fått fra forskjellige venner om å publisere det jeg har funnet i skriftene i bokform. Min bønn er at Gud skal bruke denne publikasjonen for å kompensere for den skaden som jeg tidligere har forårsaket. En av dem som har oppmuntret meg er den kjente bibellæreren Francis Frangipane, som skrev til meg etter at han hadde lest en del av manuskriptet:

Dette var briljant. Klart, konsist, øyeåpnende, uten feiltagelser og en enestående presentasjon av sannheten … Jeg vil påstå at det du har skrevet og din åpenbaring om Guds sønn, er blant det mest salvede og tydelige som jeg noensinne har lest. Til din fordel må det sies at du søkte Gud om dette (eller til Guds fordel, han søkte deg og jaget deg inntil ditt hjerte kunne høre ham). Etterpå søkte du etter sannheten om Kristus med en slik iver at mange vil bli oppbygd.

Jeg har oppdaget at både jøder og ikke-jøder som ikke tror at Jesus er Gud, ofte har dannet seg en oppfatning på grunnlag av en eller flere av følgende utgangspunkt:

1. Den grunnleggende jødiske trosbekjennelsen, som også Jesus bekrefter, sier at Gud er én, ikke tre.
2. I Fjerde Mosebok 23,19 og Første Samuelsbok 15,29 står det at Gud ikke er et menneske.
3. Det jødiske folket som er blitt betrodd Skriftene, kan ikke ta feil angående Messias' natur.
4. Treenigheten ble oppfunnet av den hedningekristne kirken som forkastet alt det jødiske. Den kan dermed ikke ha rett.

Jeg vil i denne boka dele med meg hvordan Gud viste meg at ingen av disse fire argumentene holder mål overfor Skriftenes vitnesbyrd om Messias' guddommelighet.

Jesus selv forklarte at spørsmålet om hvem han er, er avgjørende for hele vår frelse. Dette er derfor ikke et trivielt spørsmål.

Og han sa til dem: «Dere er nedenfra. Jeg er ovenfra. Dere er av denne verden. Jeg er ikke av denne verden. Derfor sa jeg til dere: Dere skal dø i deres synder, **for hvis dere ikke tror at det er meg, da skal dere dø i deres synder.»**
Johannes' evangelium 8,23-24

Jeg ønsker deg Guds velsignelse når du leser denne boka og ransaker Skriftene!

Jerusalem, mai 2010 / sivan 5770

GRUNNVOLLEN

For det står i Skriften: «Se, jeg legger i Sion en hjørnestein, utvalgt og kostelig, og den som tror på ham, skal slett ikke bli til skamme.» Dere som altså tror, hører æren til. Men for de vantro, er den stein som bygningsmennene forkastet, blitt til hjørnestein og snublestein og en klippe til anstøt, for disse som snubler ved sin vantro mot Ordet. Til det er de også satt.

Peters første brev 2,6-8

Jesus fra Nasaret er Abrahams og Davids lovede ætt. Han kom som fullbyrdelsen av det som alle profeter hadde talt om. Hele Toraen, Loven, peker på ham.

Men da han endelig kom, tok hans eget folk som helhet fra sitt lederskap ikke imot ham. Jesus forklarte for Israels ledere: «Dere ransaker skriftene fordi dere tenker at i dem har dere evig liv, og det er de som vitner om meg. Og dere vil ikke komme til meg for å få liv.» (Joh 5,39-40.)

Da Jesus ble båret inn i templet av foreldrene sine for å bæres fram for Herren, profeterte den gamle, rettferdige Simeon: «Se, denne er satt til fall og oppreisning for mange i Israel og til et tegn som blir motsagt.» (Luk 2,34.) Apostelen Peter skrev noe lignende om Messias: «Den stein som bygningsmennene forkastet, [er] blitt til hjørnestein og snublestein og en klippe til anstøt.»

Jesus har virkelig vært et tegn blant sitt eget folk, og han er blitt motsagt under de siste to tusen årene. Israels ledere tok anstøt da Messias kom. I denne boka kommer vi til å se nærmere på hva det var i læren som først og fremst var årsaken til at han ble en snublestein for «bygningsmennene», og som førte til at de forkastet hjørnesteinen.

Men Israel er forutbestemt til, akkurat som gamle Simeon profeterte, å ikke bare falle, men også å bli gjenopprettet på grunnlag av spørsmålet om Jeshua fra Nasaret. Til slutt vil de komme til ham for å finne liv. Paulus spurte i Romerbrevet 11,11 angående Israel: «Jeg sier altså: Har de snublet for å falle?» Den engelske NIV-oversettelsen løfter fram det som Paulus prøver å si i dette verset. Den har oversatt det slik: «De har vel ikke snublet for at de skulle falle uten noen mulighet til å bli oppreist igjen?» Paulus' svar var veldig klart: «Langt derfra!» Han fortsetter med å forklare om Israel:

Men hvis deres fall er en rikdom for verden, og hvis tapet av dem er en rikdom for hedninger, hvor mye mer er da deres fylde! … For hvis verden er blitt forsont med Gud ved deres forkastelse, hva ellers vil da deres mottagelse bli enn liv av døde?

Paulus' brev til romerne 11,12.15.

Jesus ble til fall for Israel som nasjon da han kom den første gangen. Men han kommer også til slutt til å bli til gjenopprettelse for Israel, noe som kommer til å innebære liv fra de døde for hele verden. Priset være Herren! Jeshua Messias fra Nasaret er den herlige hjørnesteinen.

DEN APOSTOLISKE OG PROFETISKE GRUNNVOLLEN

Før vi går videre må vi først nevne noe om det grunnlaget som troen er bygd på. Dette er meget viktig i de siste tider.

Etter sin oppstandelse åpenbarte Jesus seg for to nedslåtte disipler på vei mot Emmaus. Etter hans grusomme død på korset hadde de mistet håpet om at han var den lovede Messias. Men Jeshua bebreidet dem og sa: «Da sa han til dem: 'Dere uforstandige og **trege til å tro på alt det som profetene har talt**! Måtte ikke Messias lide dette og så gå inn til sin herlighet?' Og han begynte fra Moses og alle profetene og **utla for dem i alle skriftene det som er skrevet om ham**.» (Luk 24,25-27.)

Jesus irettesatte disse disiplene fordi de var trege til å tro **på det som profetene har talt**, og han «utla for dem i alle skriftene det som er skrevet om ham», det vil si den delen av Bibelen som kirken etterhvert har kalt for «Det gamle testamente». Det handler om de profetiske skrifter som peker fram mot det som skulle komme.

Judas skriver i sitt brev om å «stride for den troen som én gang er overgitt til de hellige» (Jud 3). Det er viktig å forstå at denne troen ikke bare er bygd på det som apostlene forkynte, men **både** på det som profetene **og** apostlene forkynte. Paulus skrev i Efeserbrevet 2,20: «Dere som er bygd opp på **apostlenes og profetenes grunnvoll**, mens hjørnesteinen er Kristus Jesus selv.»

På samme måten står det skrevet i Peters andre brev 3,1-2:

Dette er nå det andre brevet som jeg skriver til dere, dere elskede, for å atter en gang påminne dere for å vekke deres rene hukommelse til å **huske de ord som tidligere er talt av de hellige profetene, og Herrens og Frelserens bud, som deres apostler har forkynt**.

Ut fra et gitt utgangspunkt A kan man bevege seg i hvilken retning man vil i 360 grader. Hvis man vil bestemme seg for en spesiell retning, trenger man to referansepunkter, A + B. Slik er det også med «Herrens vei», som må forberedes i de siste tider.

Som det står skrevet hos profeten Jesaja: «Se, jeg
sender mitt bud foran ditt ansikt. Han skal rydde
vei for deg. Det er en stemme av en som roper i
ørkenen: Rydd Herrens vei, **gjør hans stier
jevne**!»

Markus' evangelium 1,2-3

Herrens rette vei, den tro som en gang for alle er
blitt overlevert til de hellige, bygger på **både** det
som profetene har forutsagt, og det som apostlene
har forkynt.

Jeg foretrekker å benytte meg av uttrykkene De
profetiske skrifter eller De hebraiske skrifter og De
apostoliske skrifter istedenfor navn som Det gamle
og Det nye testamente, siden disse nyere
utenombibelske navnene lett kan gi et feilaktig
inntrykk av at det finnes en motsetning mellom dem
og at Det gamle testamente, det vil si De profetiske
skriftene, ikke lenger er gyldige. Jesus selv og alle
apostlene forkynte jo evangeliet ut fra disse hellige
skriftene. Det var den Bibelen som de alltid
henviste til som støtte for sin forkynnelse. Det
finnes altså ingen motsetning mellom De profetiske
skriftene (GT) og De apostoliske skriftene (NT). Alt
sammen er Guds evige ord, som aldri vil forgå.

Alle apostler og alle profeter var jøder.
Menigheten var i begynnelsen helt jødisk. Etter
noen år begynte også hedninger å komme til tro.
Allerede mot slutten av det første århundre ifølge
vår tidsregning påbegynte man en vanskelig skils-
misse. De jødiske lederne tok sammen avstand fra
apostlenes budskap mens kirken begynte å tolke

apostlenes budskap fra et ikke-jødisk perspektiv, og det var ofte i motsetning til det som profetene hadde talt. Etterhvert kalte man De profetiske skriftene for Det gamle testamente, det vil si noe som er utdatert og passé. Den opprinnelige grunnvollen, som består av apostlene og profetene, forsvant.

Litt etter litt oppsto det to forskjellige religioner: den rabbinske jødedommen, som var bygd på De profetiske skriftene og rabbinernes utlegninger, og kristendommen, som var bygd på De apostoliske skriftene og kirkefedrene. Akkurat som rabbinerne hevder at de trofast fulgte det som Moses og profetene forkynte, påstår kirken at de er trofaste mot tradisjonene fra Messias og apostlene.

Bibelen er imidlertid én enkelt bok med ett budskap. Både jødedommen og kristendommen har avveket. Sannheten finnes i kombinasjonen mellom profetene og apostlene. Det er her vi kan oppdage Herrens rette, evige veier, som aldri endres. Dette er den tro som en gang for alle er blitt overlevert til de hellige. Både rabbinerne og kirkefedrene gikk hver sin vei bort fra den evige veien.

Dette betyr ikke at vi skal forkaste alt, verken fra rabbinerne eller fra kirkefedrene. Begge to kan gi oss mye visdom og veiledning, men de må prøves i overensstemmelse med Guds eget ord. Paulus advarer oss mot å forakte visdommen fra det jødiske folket på tross av deres vantro:

Men hvis førstegrøden er hellig, da er deigen også det. Og hvis roten er hellig, da er grenene også det. Hvis nå allikevel noen av greinene ble brutt av, og du, som var en vill oljekvist, ble innpodet blant dem og fikk del sammen med dem i oliventreets rot og fedme, **så skryt ikke mot greinene**! Men hvis du skryter, så er det allikevel **ikke du som bærer roten men roten som bærer deg**.

Paulus' brev til romerne 11,16-18

Vi må prøve alt og holde fast på det gode. Den endelige autoriteten finnes kun i det skrevne ordet, som er gitt oss gjennom profetene og apostlene i Bibelens 66 bøker. Det er fra en grunnvoll med **alt** Guds ord fra Første Mosebok til Johannes' åpenbaring, som man må bedømme hver sak om det er rett eller feil.

SKILLELINJENE

Den fremste skillelinjen mellom jødedommen og kristendommen ble etterhvert, som vi allerede har påpekt, spørsmålet om Messias' guddommelighet. Er Messias kun et menneske, som den offisielle jødedommen i dag sier? Eller er Messias Gud selv, som har kommet i menneskelig skikkelse, som kristendommen lærer? Det er det spørsmålet vi skal se nærmere på i denne boka ut fra det som står skrevet både blant profetene og apostlene. Jeg oppmuntrer deg til å lese boka i bønn og med et åpent sinn.

Det er viktig å påpeke at det ikke var Konstantin eller kirkefedrene som dro opp disse skillelinjene flere hundre år etter Messias' død og oppstandelse.

Det var isteden, som vi kommer til å oppdage i dette studiet, Jeshua selv og alle apostlene som dro opp denne skillelinjen i konfrontasjon med først og fremst saddukeerne. Rabbinerne overtok senere saddukeernes oppfatning i dette spørsmålet. Det er det grunnlaget som apostlene har lagt ut fra det profetiske ordet, som vår tro må bygges på, ikke på rabbinere eller kirkefedre.

Jeg inviterer deg til å be denne bønnen før du leser videre:

«Far i himmelen! Jeg ydmyker meg innfor deg og De hellige skrifter, som du har inspirert gjennom din ånd. Jeg lengter etter sannheten og ber at du skal vise den for meg. Veiled meg med din ånd inn i sannheten slik som du har lovt. Amen!»

BYGNINGSMENNENE

«Han er den steinen som ble forkastet av dere,
dere bygningsmenn, men som er blitt
hjørnestein. Og det finnes ikke frelse i noen
annen, for det er heller ikke noe annet navn
under himmelen, som er gitt blant mennesker,
som vi skal bli frelst ved.» Men da de så Peters
og Johannes' frimodighet og fikk vite at de var
ulærde og ikke-geistlige menn, var de forundret,
og de kjente dem igjen at de hadde vært med
Jesus.

Apostlenes gjerninger 4,11-13

Jeshua fra Nasaret er bestemt og utvalgt til å ikke
bare forårsake Israels fall men også Israels
endelige gjenopprettelse. Paulus skrev at hvis
Israels fall førte til frelse for verden, vil mottaket av
ham innebære liv fra de døde. Det er dette som vi
ber for og ser fram mot, den dagen da de jødiske

lederne i Jerusalem til slutt vil si til Jeshua fra Nasaret: «Velsignet er han som kommer i Herrens navn!»

Peter skrev at Jeshua er en «snublestein og en klippe til anstøt» (1 Pet 2,7). Når vi studerer evangeliene og Apostlenes gjerninger, ser vi tydelig at det først og fremst var Jeshuas påstand om guddommelighet som ble den store snublesteinen for de jødiske lederne. Vi leser i Johannes 10,28-33:

«Jeg gir dem evig liv, og de skal aldri i evighet gå fortapt, og **ingen skal rive dem ut av min hånd.** Min Far, som har gitt dem til meg, er større enn alle, og **ingen kan rive dem ut av min Fars hånd. Jeg og Faderen, vi er ett.**»
Jødene plukket da igjen opp steiner for å steine ham. Jesus svarte dem: «Mange gode gjerninger har jeg vist dere fra min Far. Hvilken av dem er det dere steiner meg for?» Jødene svarte ham: **«For en god gjerning steiner vi deg ikke, men for gudsbespottelse og fordi du som er et menneske, gjør deg selv til Gud.»**

Det er viktig å påpeke at spørsmålet om Jeshua var Messias eller ikke, var et spørsmål som de jødiske lederne var villige til å diskutere. I de foregående versene kan vi lese:

Men det var tempelinnvielsens fest i Jerusalem. Det var vinter, og Jesus gikk omkring i templet i Salomos buegang. Jødene flokket seg da omkring ham og sa til ham: **«Hvor lenge vil du**

28

holde oss i uvisshet? Hvis du er Messias, da si det til oss rett ut!»

Johannes' evangelium 10,22-24

Her ser vi at det jødiske lederskapet i Jerusalem var åpne for at Jeshua var Messias. Vi leser også tidligere i Johannes' evangelium at det fantes forskjellige meninger om hvem Jeshua var og at dette ble diskutert livlig blant folket, inkludert om han var Messias eller ei.[3] Det var imidlertid Jesu påstand om at han var ett med Faderen, som ble for mye å akseptere for de jødiske lederne. Det var ifølge dem ren blasfemi, og i Toraen er straffen for dette steining. De sa: «For en god gjerning steiner vi deg ikke, men for gudsbespottelse og fordi du som er et menneske, gjør deg selv til Gud.» (Joh 10,33.)

Vi vet at Jeshua bevisst var forsiktig med å fortelle rett ut hvem han var. Det står at han forbød disiplene strengt å avsløre dette (Matt 12,16, 16,20, m.fl.). Jeshua skrøt aldri av at han var lik Gud. Den tittelen som ha brukte mest om seg selv, var Menneskesønnen.

Noen mener at Jeshua i sitt svar til de jødiske lederne fornektet anklagen om at han gjorde seg selv til Gud. I virkeligheten er det tvert imot. Han understryker isteden sin guddommelighet og enhet med Faderen.

Jesus svarte dem: «Står det ikke skrevet i loven deres: 'Jeg har sagt: "Dere er guder?"' Når da loven kaller dem guder som Guds ord gikk ut til

---

3   Se f.eks. Joh 7,25-52.

– og Skriften kan ikke bli gjort ugyldig – sier dere da til ham som Faderen har helliget og sendt til verden: 'Du spotter Gud', fordi jeg sa: 'Jeg er Guds sønn?'

Johannes' evangelium 10,34-36

Jeshua forklarte at han er den som Faderen har helliggjort og sendt til verden. Han er utgått fra Gud. Han er Ordet selv, som er blitt kjød. Det spørsmålet som Jeshua egentlig stiller, er: «Hvis nå de som Guds ord kom til, blir kalt for guder, hvor mye mer er ikke da Ordet selv Gud?» Han rygger ikke på det man anklager ham for. Han bekrefter isteden anklagen. Gjennom hele Johannes' evangelium og brevene hans ser vi tydelig at uttrykket «Guds sønn» handler om mer enn bare en tittel på Messias (mer om dette senere).

Jeshua fortsatte: «'Hvis jeg ikke gjør min Fars gjerninger, så tro ikke på meg! Men hvis jeg gjør dem, så tro på gjerningene hvis dere ikke tror på meg, for at dere skal skjønne og forstå at Faderen er i meg og jeg i ham.' De forsøkte da igjen å gripe ham, men han slapp ut av hånda deres.» (Joh 10,37-39.)

Atter igjen ser vi at det var Jeshuas påstand om enhet med Faderen som ble en snublestein.

FOR DET STORE RÅDET

Nøyaktig det samme skjedde under rettssaken for det store rådet, Sanhedrin, da de dømte ham til døden. Vi leser i Markus 14,61-64:

Men han tidde og svarte ingenting. Igjen spurte øverstepresten ham og sa til ham: «Er du Messias, den velsignedes sønn?» Jesus sa: «Jeg er det, og dere skal se Menneskesønnen sitte ved kraftens høyre hånd og komme med himmelens skyer.» Da rev øverstepresten i stykker sine klær og sa: «Hva skal vi med flere vitner? **Dere har hørt gudsbespottelsen. Hva synes dere?» Alle dømte ham til å være skyldig til døden.**

Man trengte ingen diskusjon. Jeshua var skyldig til døden. Ikke fordi han hadde sagt at han var Messias. Det kunne man saktens diskutere. **Påstanden om å være Messias er ju åpenbart i seg selv ingen blasfemi.** Noen må jo være Messias, og vi vet at mange i Israel forventet seg at han skulle åpenbares rundt den tiden. Mange jøder hadde både tidligere og senere påstått å være messias uten å ha blitt anklaget for blasfemi. Jeshua svarte ikke bare bekreftende på spørsmålet om han var Messias. Han fortsatte: «Og dere skal se Menneskesønnen sitte ved kraftens høyre hånd og komme med himmelens skyer.»

Enda en gang ser vi at det var Jesu påstand om å være likestilt med Gud og «sitte ved kraftens høyre hånd», som for øverstepresten og de andre som var til stede, åpenbart var en blasfemisk uttalelse som var verdt døden. «Da rev øverstepresten i stykker sine klær og sa: 'Hva skal vi med flere vitner? Dere har hørt gudsbespottelsen. Hva synes dere?'» Alle i rådet var enige med ham. De dømte Messias

31

umiddelbart til døden uten at de trengte å stille flere spørsmål.

Noen mener at siden øverstepresten og hele det store rådet mente at det handlet om åpenbar blasfemi, må Jeshua ha uttalt det hellige gudsnavnet JHVH,[4] det såkalte Tetragrammet, da han siterte profetien fra Daniels bok. På det andre templets tid mente man nemlig at det var blasfemi å uttale gudsnavnet, i det minste utenfor tempelområdet. Fariseerne hadde oppfatningen at for å kunne dømme noen til døden for blasfemi, måtte den personen det gjaldt ha uttalt det hellige gudsnavnet.[5]

Det finnes imidlertid **ingenting i selve teksten** som støtter denne teorien. Det forutsetter tvert imot at Jesus må ha sagt noe annet enn det som etter-trykkelig står skrevet, noe som betyr at en slik forklaring bør utelukkes. Uttrykket «kraften» som Jesus ifølge både Markus og Matteus brukte,[6] var en av de vanligste omskrivningene for gudsnavnet på denne tiden. Det var hentet fra den første velsignel-sen i de daglige bønnene i templet. Framfor alt forekommer ikke gudsnavnet JHVH i teksten i Daniels bok som Jesus henviser til, noe som gjør det meget usannsynlig at han skulle ha brukt det. Teksten lyder:

Mens jeg så på dette, ble det satt fram stoler, og **en som var gammel av dager**, satte seg. Hans

---

4 Dvs. HERREN.
5 m. Sanhedrin 7.5.
6 I Lukas' versjon bruker Jeshua uttrykket «den mektige Guds høyre hånd».

klesdrakt var hvit som snø, og håret på hodet hans var som rent ull. Tronen hans var flammer, og hjulene på den var brennende ild. En strøm av ild fløt fram og gikk ut fra ham. Tusen ganger 1000 tjente ham, og 10 000 ganger 10 000 sto foran ham. Retten ble satt, og bøker ble åpnet ... Fremdeles fikk jeg i mine nattlige syner se hvordan **en som lignet en menneskesønn, kom med himmelens skyer. Han gikk bort til den gamle av dager** og ble ført fram for ham. Og det ble gitt ham herredømme og ære og rike, og alle folk, slekter og språk skulle tjene ham. Hans herredømme er et evig herredømme, som ikke forgår, og hans rike er et rike som ikke blir ødelagt.

Daniel 7,9-10.13-14

At dødsdommen skulle ha vært avhengig av fariseernes regler eller godkjennelse, er heller ikke trolig. Ifølge den velkjente forskeren Alfred Edersheim brøt rettssaken for det store rådet mot stort sett alle regler som rådet skulle følge ved utstedelsen av en dødsdom. Man hadde kommet sammen i all hast midt på natten på øversteprestens initiativ. Under en sabbat eller en høytidsdag, eller kvelden før en sabbat eller en høytid, var det ikke tillatt å utstede en dødsdom. Jeshua hadde dessuten ingen forsvars-advokat. Man kunne ikke felle en dødsdom samme dag som rettssaken ble avholdt. Man var dessuten nødt til å samles i det store rådets spesielle sal på Tempelplassen ved utstedelsen av en dødsdom, men her ble rettssaken avholdt i yppersteprestens hus, osv. Det var altså ifølge de reglene som gjaldt for det store rådet, et meget ulovlig arrangement, en politisk motivert skinnrettssak på først og fremst øversteprestens initiativ, og den var avgjort på forhånd.

For det andre er det trolig at de fleste fariseerne ikke engang var til stede, siden ingen av de fire evangeliene nevner dem i denne sammenhengen. Prestene, som hadde initiativet og var mer politiske, tilhørte saddukeernes parti. Det var store motsetninger mellom fariseerne og saddukeerne.

Den eneste logiske konklusjonen fra denne teksten er at det var nettopp Jeshuas guddommelige påstand, at han en dag vil komme tilbake på himmelens skyer «ved kraftens høyre hånd», som man betraktet som blasfemi.

Det finnes en fortelling i Talmud Bavli Sanhedrin 38b som støtter denne tanken. Debatten gjelder Daniel 7,9: «Mens jeg så på dette, ble det satt fram **stoler**, og en som var gammel av dager, satte seg.» Dette handler altså ikke bare om en trone. Den berømte rabbi Akiva kommenterte: «En trone var for ham selv og en for David [dvs. Messias].» Rabbi Jose irettesatte Akiva fordi han underviste slik som vranglærerne [en henvisning til dem som tror på Jeshua] og sa: «Akiva, **hvor lenge skal du holde på med å spotte** Shekinaen [Guds herlighet]? Dette betyr at en trone er til for rettferdigheten, og en trone er til for barmhjertigheten.»

Vi har allerede slått fast at den bibelske troen er bygget på apostlene og profetene, ikke på profetene og rabbinerne. I dette tilfellet er forskjellen mellom dem uforenlig, ja, vi skulle med rette kunne kalle den for dyp som en avgrunn. Det handler om et valg mellom blasfemi og sannheten i Jeshuas egen påstand. Det at Daniel profeterte om Messias i den teksten som Jeshua siterte, mente saddukeerne og i det minste noen av rabbinerne var blasfemi allerede på Akivas tid. Etterhvert ble dette synet det dominerende blant rabbinerne, og slik har det vært inntil denne dag.

GUDS HELLIGHET OG
DEN FØRSTE MARTYREN

Den mest grunnleggende forståelsen blant det jødiske folket om hvem Gud er, er at han er hellig. Dette er også Skriftens tydelige vitnesbyrd. Gud er først og fremst hellig. «Hellig» er for mange et dunkelt, religiøst ord. Ordet betyr ganske enkelt «adskilt». Gud er adskilt fra alt annet i hele universet. Han han ikke sammenlignes med noen andre. Ingen er lik ham. Da Jeshua sa: «Jeg og Faderen er ett», er han enten en spotter, noe som jødene umiddelbart hevdet, eller så er han guddommelig. På grunnlag av hva Skriftene lærer om Gud, så finnes det ingen mellomting.

På samme måte var det også påstanden om Jeshuas enhet med Faderen som førte til den første martyrens død. Vi leser om Stefanus i Apostlenes gjerninger 7,55-8,1:

Men han var full av Den hellige ånd og stirret intenst opp mot himmelen, og han så Guds

herlighet og Jesus stå ved Guds høyre hånd, og
han sa: «Nå ser jeg himlene åpne og
Menneskesønnen stå ved Guds høyre hånd.» **Da
skrek de** med høy røst og holdt for ørene sine,
og alle som en stormet mot ham og drev ham ut
av byen og steinet ham. Og vitnene la klærne
sine ved en ung manns føtter, som het Saulus.
Og de steinet Stefanus mens han ba og sa:
«Herre Jesus, ta imot min ånd!» Og han falt på
kne og ropte med høy stemme: «Herre, tilskriv
dem ikke denne synden!» Og da han hadde sagt
dette, sovnet han inn. Og Saulus samtykket i
mordet på ham.

Stefanus påstand om at snekkersønnen fra Nasaret
nå sto ved Guds høyre side ved tronen hans, ble for
mye for de religiøse lederne. Dette var ren blasfemi.
Det var ikke rart at den unge, religiøse, nidkjære
Saulus ble oppildnet av en slik vrede at han senere
ville drepe alle disse spottere som tilhørte «den
veien». Vi kan lese i de neste versene:

Men på den dagen ble det en stor forfølgelse mot
menigheten i Jerusalem, og alle bortsett fra
apostlene ble adspredt over landet i Judea og
Samaria. Men noen gudfryktige menn begravde
Stefanus og holdt en stor klage over ham. Men
Saulus herjet med menigheten og gikk inn i hus
etter hus og dro ut både menn og kvinner og fikk
kastet dem i fengsel.

Apostlenes gjerninger 8,1-3

Senere sa Paulus i sitt vitnesbyrd for det jødiske folket i Jerusalem:

> Jeg er en jøde, født i Tarsus i Kilikia men oppfostret i denne byen, opplært ved Gamaliels føtter etter våre fedres strenge lov, og jeg var nidkjær for Gud, som dere alle er i dag. **Jeg forfulgte Guds vei til døden, bandt og kastet både menn og kvinner i fengsel**, som også øverstepresten og hele rådet av de eldste kan vitne om. Av dem fikk jeg til og med et brev til brødrene i Damaskus og dro dit for å også føre dem som var der, bundet til Jerusalem for at de skulle få straff.
>
> Apostlenes gjerninger 22,3-5

Også da han sto for kong Agrippa:

> For min egen del trodde jeg nå at jeg burde gjøre mye mot Jesu, nasareerens, navn. Det gjorde jeg også i Jerusalem, og jeg kastet mange av de hellige i fengsel etter at jeg hadde fått fullmakt av øversteprestene. Og når de skulle slås i hjel, ga jeg min stemme til det. Og rundt omkring i alle synagoger **tvang jeg dem ofte med straff til å spotte**, og jeg raste enda mer mot dem og forfulgte dem helt til byer i utlandet.
>
> Apostlenes gjerninger 26,9-11

I Apostlenes gjerninger 8,1 står det om Paulus' innstilling til at Stefanus ble steinet: «Og Saulus samtykket i mordet på ham.» Dette var ikke en beslutning som ble tatt på grunnlag følelser. Det handlet om en sterk overbevisning hos den lærde Paulus om at Stefanus hadde spottet og dermed burde steines ifølge lovens bud. På det andre templets tid ble steining stort sett bare praktisert ved blasfemi eller oppfordring til å dyrke avguder. Vi får ingen forklaring på hva det betyr når Paulus i Apostlenes gjerninger 26 sier at han tvang disiplene til å spotte, men det er trolig at det handlet om det motsatte av det som Stefanus hadde gjort, det vil si at han tvang disiplene til å fornekte Jeshuas påstand om at han var Messias som satt ved Faderens høyre hånd.

HVORFOR BLE DE FØRSTE DISIPLENE FORFULGT?

Den forfølgelsen som vokste fram etter Stefanus' død, var den første store forfølgelsen mot menigheten i Jerusalem. Hvorfor brøt denne forfølgelsen ut?

Vi kan lese i Apostlenes gjerninger at det jødiske folket i Jerusalem hadde stor respekt og ærefrykt for disiplene.

> Og idet de enstemmig hver dag stadig søkte seg til templet og brøt brødet hjemme, nøt de maten sin med glede og et troskyldig hjerte **idet de lovet Gud og hadde velvilje hos hele folket.**
>
> Apostlenes gjerninger 2,46-47

38

Men det ble gjort mange tegn og under blant folket ved apostlenes hender, og alle sammen holdt enstemmig til i Salomos buegang. Av de andre var det ingen som våget å holde seg til dem, **men folket priste dem**.

Apostlenes gjerninger 5,12-13

De troende deltok i bønnene i templet, og alle var nøye med å holde Toraen (Loven).

Men Peter og Johannes gikk sammen opp i templet ved bønnens time, som var den niende.

Apostlenes gjerninger 3,1

Da de hørte det, priste de Gud, og så sa de til ham: «Du ser, bror, hvor mange tusener det er blant jødene som har tatt imot troen, og alle sammen er nidkjære for [Toraen].»

Apostlenes gjerninger 21,20

Også i Apostlenes gjerninger 8,2 kan vi se at da hele menigheten bortsett fra apostlene var blitt fordrevet fra Jerusalem, var det noen gudfryktige menn i byen som holdt **en stor** klagesang over Stefanus.

De ikke-troende gudfryktige jødene satte altså de messiastroende meget høyt. Så hva var da årsaken til forfølgelsen? Var det at disiplene trodde at Jeshua fra Nasaret var Messias? Det kan umulig ha vært hele sannheten. Det fantes flere messias-kandidater med etterfølgere på denne tiden som ikke ble forfulgt, i hvert fall ikke på den samme måten, se for eksempel Apostlenes gjerninger 5,36-37.

En del av årsaken var naturligvis misunnelse fra lederskapet, se Apostlenes gjerninger 5,17-18. Men når man studerer tekstene nøyere, så ser man et felles mønster angående nøyaktig hva det var som var den utløsende faktoren.

Både Jeshua og Stefanus var fra begynnelsen av anklaget for forbrytelser mot Toraen og templet. I begge tilfeller handlet det om falske anklager som man ikke kunne bevise. Det var derimot noe annet som utløste dødsdommene. La oss sammenligne tekstene og også begivenheten i Apostlenes gjerninger 5.

Men han tidde og svarte ingenting. Igjen spurte øverstepresten ham og sa til ham: «Er du Messias, den velsignedes sønn?» Jesus sa: «Jeg er det, **og dere skal se Menneskesønnen sitte ved kraftens høyre hånd og komme med himmelens skyer.**» Da rev øverstepresten i stykker sine klær og sa: «Hva skal vi med flere vitner? Dere har hørt gudsbespottelsen. Hva synes dere?» Alle dømte ham til å være skyldig til døden.

Markus' evangelium 14,61-64

Men han var full av Den hellige ånd og stirret intenst opp mot himmelen, og han så Guds herlighet og Jesus stå ved Guds høyre hånd, og han sa: «**Nå ser jeg himlene åpne og Menneskesønnen stå ved Guds høyre hånd.**»

Da skrek de med høy røst og holdt for ørene sine, og alle som en stormet mot ham og drev ham ut av byen og steinet ham.

Apostlenes gjerninger 7,55-58

«Våre fedres Gud vekket opp Jesus, som dere drepte ved å henge ham på et tre. **Ham opphøyde Gud ved sin høyre hånd** til høvding og frelser, for å gi Israel omvendelse og syndenes tilgivelse. Og vi er hans vitner om disse tingene, og på samme måten er Den hellige ånd, som Gud ga dem som adlyder ham.» **Da de hørte dette**, skar det dem i hjertet, og de rådslo om å slå dem i hjel.

Apostlenes gjerninger 5,30-33

Vi ser at den utløsende faktoren i alle disse situasjonene handlet om at Jesus ble opphøyd til Faderens høyre hånd. For Stefanus førte det til steining. Som vi allerede har påpekt, var det vanlig på denne tiden at man kun anvendte seg av steining ved blasfemi eller avgudsdyrkelse. Ifølge tradisjonen ble Jakob også steinet, og dette utløste den endelige forfølgelsen av de troende i Jerusalem. Årsaken til at Jeshua ikke ble steinet, var at det store rådet av flere årsaker ikke våget å henrette ham, så de overlot det til romerne, se Johannes 18,31. Dette skjedde for at skriftene skulle bli fullbyrdet om at han skulle bli hengt på et tre.

Påstanden om at Jeshua ble opphøyd til Faderens høyre hånd, ble åpenbart betraktet som blasfemi og avgudsdyrkelse. Det var disiplenes påstand om

41

Jeshuas guddommelighet – Stefanus ba jo også til ham – som først og fremst utløste den alvorlige og dødelige forfølgelsen mot menigheten i Jerusalem.

Fortellingene i Apostlenes gjerninger og evangeliene antyder at denne kursen først og fremst ble staket ut av saddukeerne og prestene på denne tiden. Senere ble denne oppfatningen også alment akseptert blant rabbinerne og har eksistert blant det jødiske folket i snart to tusen år.

Innenfor den tradisjonelle jødedommen er messias et menneske som ikke er guddommelig. Men det var ikke dette som den første jødiske menigheten i Jerusalem trodde på og «den troen som én gang er overgitt til de hellige» (Jud 3). De første disiplene ga livene sine for denne troen.

I januar 1995 besøkte jeg den berømte rabbi Schneersons synagoge i Brooklyn, New York kort tid før han døde. Jeg spurte en av dem som var til stede i synagogen: «Har du noensinne lest Det nye testamente?» Svaret kom umiddelbart uten å nøle: «Å nei! Det ville jeg aldri ha gjort. Det er forbudt for oss å lese bøker som handler om avgudsdyrkelse.» De første troende i Jerusalem ble forfulgt av nøyaktig denne årsaken siden man tilskrev Jeshua funksjoner som ifølge tradisjonell jødedom kun tilfalt Gud.

Hebreerbrevet ble antagelig skrevet kort tid etter at Jakob ble steinet rundt år 62, noe som utløste den endelige forfølgelsen mot menigheten i Jerusalem med det resultatet at de ble utestengt fra templet og gudstjenesten. Brevet slutter med oppfordringen: «Derfor led også Jesus utenfor porten, for at han ved sitt eget blod skulle hellige folket. La oss da gå ut til ham utenfor leiren og bære hans vanære.» (Heb 13,12-13.) De første troende i Jerusalem ga livene sine for troen på Jeshuas guddommelige påstand. Det var først og fremst derfor de ble forfulgt.

I Matteus' evangelium 22,41-46 ser vi at fariseerne ble svar skyldige da Jeshua forsøkte å forklare for dem at Messias ikke bare er Davids sønn. Dette var åpenbart en ny og fremmende tanke for dem, på samme måten som det fortsatt er det i dag blant de fleste religiøse jøder. De betrakter «Guds sønn» som kun en tittel på Messias som Davids sønn, og ikke som en bokstavelig virkelighet der Messias også er Davids Herre som sitter ved Guds høyre hånd og som holder hele skapelsen med maktens ord.

Men mens fariseerne var samlet, spurte Jesus dem: «Hva synes dere om Messias? Hvem sin sønn er han?» De sier til ham: «Davids.» Han sier til dem: «**Hvordan kan da David i ånden kalle ham herre** når han sier: 'Herren sa til min herre: "Sett deg ved min høyre hånd til jeg får lagt dine fiender under dine føtter."' Hvis nå David kaller ham herre, hvordan kan han da være hans sønn?» Og **ingen kunne svare ham et ord**, og ingen våget heller å spørre ham mer fra den dagen av.

Det er viktig å legge merke til at Salme 110,1, som Jeshua siterer i dette avgjørende spørsmålet om

43

hvem Messias er, er det verset i hele den hebraiske Bibelen som blir sitert mer enn noe annet vers i De apostoliske skriftene. Det var åpenbaringen om Messias i dette verset fra De profetiske skriftene, som var skjult for fariseerne, som ble en hjørnestein i alle apostlenes forkynnelse.

STEINEN SOM
BYGNINGSMENNENE FORKASTET

Peter skrev at Jeshua er en «**snublestein** og en klippe til anstøt» (1 Pet 2,7). Det finnes et sterkt vitnesbyrd i det hebraiske språket om enheten mellom Faderen og Sønnen. Det hebraiske ordet for stein er *even* (אבן). Dette ordet består av de tre hebraiske bokstavene *alef, bet* og *nun*. De to første bokstavene *alef* og *bet* danner ordet *av* (אב), som betyr «far», og de to siste bokstavene, *bet* og *nun*, danner ordet *ben* (בן), som betyr «sønn». (På hebraisk blir bokstaven *bet* iblant uttalt som *b* og iblant som *v*.) Hvis man setter sammen ordene til en enhet, så danner de hebraiske ordene for far og sønn, ordet for stein.

Man kan ikke dele på enheten mellom Faderen og Sønnen. De er ett. Sannheten om Jeshuas enhet med Faderen er den dyrebare hjørnesteinen i Guds øyne, og dette var årsaken til de jødiske ledernes fall. Gud visste dette fra begynnelsen av og kommuniserte denne sannheten i selve det hebraiske språkets opprinnelse.

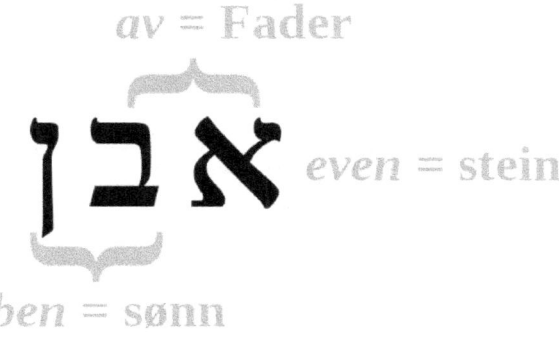

Hør på det som Peter sier:

> For det står i Skriften: «Se, jeg legger i Sion en
> hjørnestein, utvalgt og kostelig, og den som tror
> på ham, skal slett ikke bli til skamme.» Dere som
> altså tror, hører æren til. Men for de vantro, er
> den stein som bygningsmennene forkastet, blitt
> til hjørnestein og snublestein og en klippe til
> anstøt, for disse som snubler ved sin vantro mot
> Ordet. Til det er de også satt.
>
> Peters første brev 2,6-8

Det var forutbestemt at Guds eget folk skulle snuble
på denne steinen slik at frelsen kunne komme til
hedningene. «Jeg sier altså: Har de snublet for å
falle? Langt derfra! Men ved deres fall er frelsen
kommet til hedningene for at dette skal vekke dem
til skinnsyke.» (Rom 11,11.)

45

Paulus siterer Moses i Femte Mosebok 32,21: «Først sier Moses: 'Jeg vil gjøre dere nidkjære på det som ikke er et folk. På et uforstandig folk vil jeg gjøre dere vrede.'» (Rom 10,19.) Ifølge Toraen vil det jødiske folket i endetiden bli egget til misunnelse over denne dyrebare hjørnesteinen gjennom ulærde mennesker fra nasjonene.

Vi kan også lese om apostlene i Apostlenes gjerninger:

«Han er den steinen som ble forkastet av dere, dere bygningsmenn, men som er blitt hjørnestein. Og det finnes ikke frelse i noen annen, for det er heller ikke noe annet navn under himmelen, som er gitt blant mennesker, som vi skal bli frelst ved.» **Men da de så Peters og Johannes' frimodighet og fikk vite at de var ulærde og ikke-geistlige menn, var de forundret, og de kjente dem igjen at de hadde vært med Jesus.**

Apostlenes gjerninger 4,11-13

Jeshua og apostlene kom med noe som for rabbinerne var en ny tolkning av profetene når det gjaldt Messias' guddommelighet og enhet med Faderen. De representerte en ny grein innenfor jødedommen. Vår tro er bygd på profetene **og** apostlene, ikke på profetene og rabbinerne. Vi tilhører den apostoliske jødedommen, ikke den rabbinske jødedommen. Dette betyr **ikke** at alt innenfor den rabbinske jødedommen er feil, men det betyr at den ikke er vårt grunnlag.

Det er først og fremst Jeshuas etterfølgere i
nasjonene som er forutbestemt til å en dag åpne det
jødiske folkets øyne for hvem deres Messias er.
Ikke fordi de er lærde i de jødiske rabbinernes øyne,
men fordi de har vært sammen med Messias selv og
gjenspeiler hans herlighet. Det var denne åpenba-
ringen som var Paulus' motiv i tjenesten.

> For jeg snakker til dere, dere hedninger. Så sant
> som jeg er hedningenes apostel, priser jeg mitt
> embete, hvis jeg bare kunne vekke mine
> kroppslige slektninger til skinnsyke og få reddet
> noen av dem.
>
> Paulus' brev til romerne 11,13-14

Paulus avslutter hele gjennomgangen av Guds frel-
sesplan for Israel ved å forklare hvordan hans eget
folk vil bli frelst:

> For på samme måten som dere tidligere var
> ulydige mot Gud, **men nå har fått nåde ved
> disses ulydighet**, så har også disse nå vært
> ulydige **for at de** [*det jødiske folket*] **også skal få
> nåde** ved den nåden som er kommet dere
> [*hedninger som tror på Messias*] til del. **For
> Gud har overlatt dem alle til ulydighet for at
> han kunne forbarme seg over dem alle.**
>
> Paulus' brev til romerne 11,30-32

Det er ikke så rart at Paulus utbrøt:

47

Å dyp av rikdom og visdom og kunnskap hos
Gud! Hvor uransakelige hans dommer er og hvor
ufattelige hans veier! For hvem kjente Herrens
sinn, eller hvem var hans rådgiver? Eller hvem
ga ham noe først så han skulle få godtgjørelse
igjen? For av ham og ved ham og til ham er alle
ting. **Ham være ære** i evighet! Amen.

Paulus' brev til romerne 11,33-36

Hvis vi skal vekke Israel til misunnelse, må vi
omvende oss fra alt som er anti-jødisk og ulydighet
mot Toraen. Vi må uforbeholdent akseptere De
profetiske skriftenes autoritet. Samtidig må vi også
holde oss til apostlenes lære. Vi kan aldri gå på
kompromiss med Jeshuas påstand om enhet med
Faderen på tross av det faktum at det jødiske folket
fortsatt mener at dette er blasfemi. Jeshua, Sønnen
som er ett med Faderen, er nettopp den steinen,
«*even*», som er forutbestemt fra verdens grunnvoll
ble lagt å ikke bare være årsaken til Israels fall, men
også en dag å bli åpenbart for det jødiske folket og
føre til Israels endelige gjenopprettelse.

Jerusalem, Jerusalem! Du som slår i hjel
profetene og steiner dem som er sendt til deg!
Hvor ofte ville jeg ikke samle dine barn slik som
ei høne samler kyllingene sine under vingene
sine! Og dere ville ikke. **Se, huset deres skal
etterlates øde. For jeg sier dere: Fra nå av
skal dere ikke se meg før dere sier: «Velsignet
være han som kommer i Herrens navn!»**

Matteus' evangelium 23,37-39

Paulus skrev til korinterne at han er som et «ufullbåret foster» som er født før tiden er inne. «Men sist av alle ble han også sett av meg som det ufullbårne foster.» (1 Kor 15,8.) Paulus er mønsteret for de religiøse jødiske lederne i den siste generasjonen som ivrig opponerer mot Jeshua og etterfølgerne hans som spottere, men de vil få en dramatisk omvendelse og tro på ham som Guds sønn og Messias.

HJØRNESTEINEN

Herren, hærskarenes Gud, ham skal dere holde
hellig, og han skal være deres frykt. Han skal
være deres redsel. Og han skal bli en helligdom
og til en snublestein og en klippe til anstøt for
begge Israels hus, til en snare og et rep for
Jerusalems innbyggere.

Jesaja 8,13-14

Vi har allerede fastslått at det først og fremst var
Jesu påstand om guddommelighet som ble en
snublestein for de jødiske lederne for to tusen år
siden. Vi nevnte også at det hebraiske ordet for
stein, *even*, består av ordene for Fader og Sønn
sammen. Det er denne enheten som inntil i dag har
representert det fremste hinderet for at det jødiske
folket kan tro på Jeshua, men som en dag kommer
til å bli den dyrebare hjørnesteinen.

51

Så, hvor ett er så Faderen og Sønnen? Noen sier: «Det er klart at Faderen og Sønnen er ett. Men dette handler om at de er ett i hensikt og vilje og ingenting annet.» Vi skal se nærmere på det spørsmålet og se om denne påstanden faktisk stemmer med apostlenes og profetenes undervisning.

Teksten ovenfor fra Jesaja 8 snakker om JHVH Sebaot, hærskarenes Herre, Israels hellige Gud. Legg merke til at det nettopp er disse versene som Peter anvender på Jeshua.

Dere som altså tror, hører æren til. Men for de vantro, er den stein som bygningsmennene forkastet, blitt til hjørnestein og **snublestein og en klippe til anstøt**, for disse som snubler ved sin vantro mot Ordet. Til det er de også satt.

Peters første brev 2,7-8

Peter bruker altså nøyaktig det samme ordet som handler om Israels Gud i Jesaja, om Jeshua. Johannes skriver i sitt første brev 2,23: «Den som bekjenner Sønnen, har også Faderen.» Vi vet at ved Messias' ankomst vil han stå med føttene på Oljeberget. I teksten i Sakarja 14 står det imidlertid at det er JHVH som kommer til å sette føttene sine på Oljeberget. Det finnes mange flere slike eksempler fra Skriften som viser at Faderen og Sønnen er ett med hverandre. Et av de sterkeste ordene er kanskje Johannes' evangelium 14,23: «Jesus svarte og sa til ham: 'Hvis noen elsker meg, da holder han mitt ord, og min Far skal elske ham,

og vi skal komme til ham og ta bolig hos ham.'»
Både Faderen og Sønnen bor i oss ved Guds ånd.

For de aller fleste kristne er ikke denne enheten
mellom Faderen og Sønnen noe problem. Man ber
til Jesus, synger til ham og tilber ham. Jesus er
selvfølgelig Gud. De fleste kristne vurderer ikke
engang muligheten for at han ikke skulle være det.

For det jødiske folket er imidlertid dette et stort
problem. For det første vet de meget godt at det
bare finnes en eneste Gud, ikke to eller tre, og det
alle første budet sier at man ikke skal ha noen andre
guder enn ham. Det ville ha vært avgudsdyrkelse.
For det andre: Hvordan skulle et menneske som
levde for to tusen år siden og døde på et kors, kunne
være Gud?

For å gjøre det enda mer komplisert, virker det
ved første øyekast som om De apostoliske skriftene
på flere plasser er enige. Paulus skriver for
eksempel i sitt første brev til Timoteus 6,15-16:

> Som den salige og eneste mektige skal vise oss i
> sin tid, han som er kongenes Konge og herrenes
> Herre, **han som alene har udødelighet, som
> bor i et lys som ingen kan komme til, han som
> ingen mennesker har sett etter kan se**. Ham
> tilhører ære og evig makt. Amen.

Her sier Paulus klart og tydelig at Gud er udødelig,
med andre ord at han ikke kan dø. Men Jeshua døde
jo. For det andre står det at Gud bor «i et lys som
ingen kan komme til». Ingen har noensinne sett Gud
eller kan se ham. Gjelder dette Jeshua? Han var jo

synlig, og mennesker rørte ved ham. Så hvordan kan Jeshua være Gud?

Det finnes ytterligere en detalj i denne bibelteksten som gjør saken enda mer komplisert. Det står at Gud er den «**eneste** mektige», og det fortsetter med at han er «kongenes Konge og herrenes Herre». Dette gjelder jo også for Jeshua, siden han også blir kalt for «kongenes Konge og herrenes Herre» i både Johannes' åpenbaring 17,14 og 19,16.

Så kan det finnes en eneste hersker men flere «kongenes Konge og herrenes Herre»? Hvordan kan vi løse dette problemet? Det er ikke merkelig at Paulus skrev i brevene til efeserne og kolosserne om «Messias' mysterium» og i første brev til Timoteus 3,16 om «gudsfryktens hemmelighet» at Messias «ble åpenbart i legeme».

Med gjenopprettelsen til våre opprinnelige jødiske røtter har dette blitt et voksende problem for mange. Jødedommen i dag tror bare på en menneskelig Messias. Han er Davids sønn, men han er ikke en del av Guds vesen. En del sier at siden det jødiske folket ga oss skriftene, må de ha rett. En broder siterte Johannes' evangelium 4,22 som bevis: «Vi [*jødene*] tilber det vi kjenner, for frelsen kommer fra jødene.» Betyr dette at de jødiske rabbinerne har rett når de sier at Messias bare er et menneske? Eller hadde de jødiske **apostlene** en annen oppfatning enn det som rabbinerne har i dag?

Selv om vi aldri kommer til å forstå «Messias' mysterium» helt og fullt, er det dog, som vi kommer til å få se, ikke bare mulig men også helt nødvendig at vi ut fra skriftene forstår om Jeshua bare er et menneske eller om han også er en del av Gud selv.

DET FØRSTE SKRITTET

Det første skrittet som vi alle må ta hvis vi vil finne sannheten, er å ydmyke oss for Gud og be ham om å vise oss gjennom sin ånd. Dette gjelder først av alt spørsmålet om hvem Jesus er. Det står skrevet i Lukas' evangelium 10,21-22: «Jeg priser deg, Far, himmelens og jordas herre, fordi **du har skjult dette for de vise og forstandige og åpenbart det for de umyndige.** Ja, Far, for slik skjedde det som var til velbehag for deg. Alt er overgitt meg av min Far, og **ingen kjenner hvem Sønnen er uten Faderen.**»

Den internasjonalt kjente bibellæreren Derek Prince pleide å si at de personene som det er lettest for djevelen å lure, er de som stoler på sitt intellekt. Dette er så sant.

Bibelen sier at vi ikke skal stole på vårt eget intellekt. I Salomos ordspråk 3,5 står det: «Sett din lit til Herren av hele ditt hjerte, og **stol ikke på din forstand**!» Gud har lovt å lede de enkle, som ikke er vise i sine egne øyne, på den rette veien.

For det står skrevet: «Jeg vil ødelegge de vises visdom, og de forstandiges forstand vil jeg gjøre til intet.» Hvor er en vis mann? Hvor er en skriftlærd? Hvor er en gransker i denne verden? Har ikke Gud gjort verdens visdom til dårskap?
Paulus' første brev til korinterne 1,19-20

Det står skrevet i Peters andre brev 1,20-21: «idet der først og fremst vet dette at ingen profetiske ord i Skriften er gitt til egen tydning, for ingen profetiske ord har kommet fram ved et menneskes vilje, men de hellige Guds menn talte drevet av Den Hellige Ånd.»

Det at Skriften er inspirert av Gud og ikke er blitt til ved menneskers vilje eller forstand, betyr at den heller ikke kan forstås kun med vår egen vilje eller forstand. Det er kun Guds ånd, som fra begynnelsen av har inspirert Guds ord, som kan åpenbare sannheten i Guds ord for oss. I Johannes' evangelium 16,13 står det: «Men når han, sannhetens ånd, kommer, skal han veilede dere til hele sannheten.» Vi må bøye oss for Gud, ydmyke oss og rope oppriktig til ham fra dypet av våre hjerter om at han åpenbarer sannheten for oss gjennom sin ånd.

Gud vil hovedsakelig tale til oss direkte fra skriftene. Men vi må også være åpne for at han bruker andre til å vise oss sannheten fra Bibelen. I Johannes' første brev 2,26-27 står det:

> Dette skriver jeg til dere som dem som forfører dere. Og dere – den salvelsen som dere fikk av ham, den blir i dere, og dere trenger ikke at noen skal lære dere. Men slik som hans salvelse lærer dere alt, så er det også sannhet og ikke løgn. Og bli i ham, slik som den lærte dere.

Her ser vi atter en gang at det ikke er vårt intellekt men «salvelsen» som skal lære oss sannheten. Det er Guds ånd som taler til oss i våre hjerter. «Ånden selv vitner sammen med vår ånd [*ikke vårt intellekt*]» med med «liv og fred» (Rom 8,16.6). Vi må lære oss å kjenne igjen denne røsten og stole på den. Frykt, bekymringer og uvisshet kommer aldri fra Gud og heller ikke stolthet over vår egen kunnskap eller intellekt.

Det at Gud taler til oss direkte, betyr ikke at han ikke også bruker bibellærere og andre. Du må være forberedt på at han kanskje sender ei bok, en CD eller DVD eller en venn på din vei som hjelper deg med å åpenbare Bibelens sannheter for deg. Vi har en salvelse inne i oss, det dype, indre vitnesbyrdet med liv og fred som lar oss få vite om noe er sant eller ei. «Han leder de ydmyke i rettferdighet, og han lærer den ydmyke sin vei.» (Sal 25,9 ÅJB.)

Hvis vi er ydmyke og ærlige og stoler på Gud, vil han svare på våre bønner og vise oss sannheten. Vi vil skjelne den røsten som er fra ham og se om det produserer den rette frukten i livene våre. «Men Åndens frukt er kjærlighet, glede, fred, tålmodighet, mildhet, godhet, trofasthet, ydmykhet, avholdenhet.» (Gal 5,22.) Vi må spesielt vokte oss for alle former for stolthet. «Kjærligheten er tålmodig og er velvillig. Kjærligheten bærer ikke misunnelse. Kjærligheten skryter ikke, blir ikke oppblåst, den gjør ingenting usømmelig, søker ikke sitt eget, blir ikke bitter, gjemmer ikke på det onde. Den gleder seg ikke over urettferdighet men gleder seg ved sannhet.» (1 Kor 13,4-6.) Jeshua er sannheten selv, og vi må lære oss å forbli i ham.

JESHUA ER ET MENNESKE

Før vi fortsetter, må vi slå fast det faktum at Jeshua faktisk er et menneske. I Paulus' første brev til Timoteus 2,5-6 står det: «For det er én Gud og én mellommann mellom Gud og mennesker, **mennesket** Kristus Jesus, han som ga seg selv som løsepenger for alle.» Brevet til hebreerne forklarer:

Siden barna da har del i blod og kjød, fikk også han på samme måten del av det for at han ved døden skulle gjøre til intet den som hadde herredømme over døden – det er djevelen ... For han tar seg jo ikke av engler, men Abrahams slekt tar han seg av. **Derfor måtte han i alle ting bli lik sine brødre**.

Brevet til hebreerne 2,14.16-17

Den messianske tittelen som Jeshua mer enn noen andre brukte om seg selv, var Menneskesønnen. På hebraisk er det et vanlig uttrykk for et menneske eller en mann. Med andre ord understreket Jesus at han virkelig var et menneske.

Men det er åpenbart i Skriften at Jeshua er mer enn bare et menneske. I Matteus' evangelium 22,42-46 avslutter Mesteren forhøret av de skrift-lærde og fariseerne ved å stille spørsmålet: «Hva synes dere om Messias? Hvem sin sønn er han?» Svaret kom umiddelbart: «»David», svarte de.» De hadde rett men bare delvis. Selvfølgelig er Messias Davids sønn. Dette er meget klart i Skriften. Men Jeshua var ikke fornøyd med svaret deres.

«Han sier til dem: 'Hvordan kan da David i ånden kalle ham herre når han sier: "Herren sa til min herre: 'Sett deg ved min høyre hånd til jeg får lagt dine fiender under dine føtter.'" Hvis nå David kaller ham herre, hvordan kan han da være hans sønn?' Og ingen kunne svare ham et ord, og ingen våget heller å spørre ham mer fra den dagen av.» (Matt 22,43-46.)

Jeshua er ikke bare Davids sønn. Han er ikke bare et menneske. Han er også Guds sønn. Paulus forklarer i innledningen til brevet til romerne:

> Paulus, Jesu Kristi tjener, kalt til apostel, utkåret til å forkynne Guds evangelium som han tidligere lovte ved sine profeter i hellige skrifter, om hans sønn, som etter legemet er kommet av Davids slekt, som etter hellighets ånd er bevist å være Guds veldige sønn ved oppstandelsen fra de døde, Jesus Kristus, vår herre.
>
> Paulus' brev til romerne 1,1-4

Jeshua er både «Davids rotskudd **og** ætt» (Åp 22,16). Han er «Alfa og Omega, begynnelsen og enden, den første og den siste» (Åp 22,13).

GUD ER SKAPEREN

Bibelen er en jødisk bok, skrevet at jøder på grunnlag av en jødisk tankeverden. Den taler først og fremst om **hvem** Gud er gjennom det han **gjør**, og ikke så mye om **hva** Gud er. Bibelen har veldig lite å si om Guds substans eller hva han består av,

59

noe som var et stort spørsmål i debatten blant kirkefedrene, som ikke hadde jødisk bakgrunn. Vi vil først av alt se på det Bibelen sier om **hvem Gud er** for å se om Jeshua er Gud eller ikke.

En allmenn regel når man skal tolke Bibelen, er å gå til det første bibelverset der du kan finne et ord for å forstå den grunnleggende betydningen. I det aller første verset i Bibelen har vi den mest grunnleggende definisjonen av Gud. Der står det: «I begynnelsen **skapte Gud** himmelen og jorda.» (1 Mos 1,1.) Gud er først og fremst Skaperen av alle ting.

Det betyr at alt i universet kan deles inn i to kategorier: Skaperen og skapelsen. Bibelen er veldig tydelig når det gjelder at det ikke finnes noen mellomting. Det handler om enten eller.

La oss se på hvordan Gud skapte alt. I Salme 33,6-9 står det:

Himlene er skapt ved Herrens ord og hele deres hær **ved hans munns ånde**. Han samler havets vann som en haug. Han legger de dype vann i forråd. La hele jorda frykte Herren! For ham skjelver alle de som bor på jordas rike. **For han talte, og det skjedde. Han befalte, og det sto der.**

Her ser vi at alt ble skapt ved «Herrens ord». I Johannes' evangelium kapittel 1 står det nøyaktig det samme. Dessuten forklarer Johannes for oss at Jeshua er nettopp dette Ordet som ble kjød.

I begynnelsen var Ordet, og Ordet var hos Gud, og Ordet var Gud. **Han var i begynnelsen hos Gud. Alt er blitt til ved ham, og uten ham er ingenting blitt til** av alt som er til ... Og **Ordet ble kjød** og tok bolig iblant oss, og vi så hans herlighet – en herlighet som den en enbåren sønn har fra sin far – full av nåde og sannhet.

Johannes' evangelium 1,1-3.14

Vi ser her at uten Ordet har «ingenting blitt til» av det som er til. Paulus sier nøyaktig det samme om Jeshua i Kolosserbrevet 1,16-17. Angående Sønnen står det:

For i ham er alle ting skapt, de i himlene og de på jorda, de synlige og de usynlige, enten det er troner eller herredømmer eller makter eller myndigheter. **Alt er skapt ved ham og til ham, og han er før alle ting, og alle ting står ved ham.**

Og i Brevet til hebreerne 1,1-3 leser vi:

Etter at Gud tidligere hadde talt mange ganger og på mange måter til fedrene ved profetene, så har han i disse siste dager talt til oss ved Sønnen, som han har satt til arving over alle ting, **ved hvem han også har gjort verden**. **Han**, som er gjenskinnet av hans herlighet og bildet av hans vesen, og som **bærer alle ting ved sin krafts ord**, og som derfor, da han hadde gjort renselse for våre synder, satte seg ved Majestetens høyre hånd i det høye.

Her ser vi at Gud ikke bare skapte verden gjennom Sønnen. Sønnen sitter i dag ved Majestetens høyre hånd i himmelen og «bærer alle ting ved sin krafts ord».

Følgende bønn er en del av den tradisjonelle morgenbønnen i synagogen blant fromme jøder.

Velsignet er han som talte, og verden ble til – velsignet er han. Velsignet er han som taler og handler, velsignet er han som forordner og oppfyller, **velsignet er han som holder skapelsen oppe** ...[7]

Den antagelig mest kjente utgaven av den jødiske bønneboka, nemlig Artscrolls siddur, har følgende fotnote til denne bønnen: «*Som talte og verden ble til.* Gud er Skaperen som fikk hele skapelsen til å bli til og **holder den oppe med ingenting annet enn sitt ord.**»[8] Dette er nøyaktig det samme som det står i Hebreerbrevet 1,3 om Jeshua. Han sitter ved Guds høyre hånd og «bærer alle ting ved sin krafts ord». Akkurat som den jødiske bønneboka sier, er dette noe som kun tilhører Gud. Bare Gud kan holde skapelsen oppe gjennom sitt ord.

---

7   *The Complete Artscroll Siddur, Ashkenaz.* Brooklyn, NY: Mesorah Publications, Ltd., 1984, side 59, oversatt til norsk.
8   Ibid., side 58.

Skriftenes vitnesbyrd om Messias er overveldende. Jesus fra Nasaret var før alt. Han er ikke en del av skapelsen men en del av Skaperen, og alt er blitt til ved ham. Akkurat som Guds ånde, hans ånd, er en del av Gud, så er også hans ord det. Dette er Skriftenes klare vitnesbyrd.

På nesten 600 plasser i de arameiske Targum-oversettelsene av de hebraiske skriftene[9] er Guds hellige egennavn «JHVH» blitt byttet ut mot JHVH sitt ord». HERREN og «HERRENS ord» brukes altså synonymt. Det er i første hånd i de sammenhengene der Gud relaterer til den materielle verden som uttrykket «HERRENS ord» blir brukt i stedet for «HERREN». Det var «HERRENS ord» som steg ned på Sinai, og det var «HERRENS ord» som dannet mennesket av støv fra marken, osv. Det er god underforstått at det fortsatt handler om HERREN, den evige, siden den evige er en.

Da Johannes skrev «I begynnelsen var Ordet, og Ordet var hos Gud, og Ordet var Gud», så var det med andre ord en godt akseptert jødisk tanke som han brakte fram. Johannes fortsatte: «Og Ordet ble kjød og tok bolig iblant oss, og vi så hans herlighet – en herlighet som den en enbåren sønn har fra sin far – full av nåde og sannhet.» Ord for ord står det: «Og Ordet ble kjød og **tabernaklet** blant oss.» Akkurat som Gud steg ned på Sinais fjell og etterpå tok sin bolig i tabernaklet som Israel bygde, tok

---

9 Targum var parafraser oversatt til arameisk på samme måten som med Living Bible. De var godkjent for bruk i gudstjenesten og ble brukt i noen synagoger på Jesu tid for dem som hadde problemer med å forstå hebraisk.

Gud sin bolig i Jesus fra Nasaret. Jeshua er den evige, Guds eget ord, som skapte alt, åpenbart i kjødet.

Et punkt som ofte blir tatt opp av dem som fornekter Jesu guddommelighet, er at Bibelen sier at «Gud er ikke et menneske». Vi leser i Fjerde Mosebok 23,19:

Gud er ikke et menneske så han skulle lyve og ikke heller et menneskes barn så han skulle angre. Skulle han si noe og ikke gjøre det? Skulle han tale og ikke sette det i verk?

Og i Første Samuelsbok 15,29:

Og Israels trofaste Gud lyver ikke og angrer ikke, for han er ikke et menneske så han skulle angre.

I begge disse tekstene står det at «Gud er ikke et menneske». Men dette er ikke ukvalifiserte uttalelser. Det står at «Gud er ikke et menneske så han skulle lyve ... så han skulle angre». Det er ikke det samme som hvis man ukvalifisert sier: «Gud er ikke et menneske.» Jeshua løy aldri. Han er et menneske som det ikke finnes svik i.

Det kan også påpekes at i Fjerne Mosebok og Første Samuelsbok står det at Gud ikke er et menneske, ikke at han ikke kan bli det – bli kjød og ta sin bolig iblant oss.

Gud er ikke et menneske, men han kan åpenbare seg i en menneskelig skikkelse. Det finnes mange eksempler på dette i De profetiske skriftene, ikke minst i Første Mosebok 18 der den hebraiske teksten forklarer at Abraham fikk besøk av JHVH og talte med ham. Først av alt åpenbarte han seg i Jeshua fra Nasaret, Ordet som ble menneske og tok sin bolig iblant oss. Han er JHVH som kom som menneske, Gud i åpenbart menneskelig skikkelse.

Et annet vanlig argument mot Jeshuas guddommelighet er: «Hvis Jesus er Gud, hvordan kunne han dø? Gud kan jo ikke dø.» Svaret er egentlig veldig enkelt. Som menneske kunne kroppen hans dø, på samme måten som tabernaklet kunne rives ned og ødelegges siden det var laget av forgjengelig materiale. Men som Gud kunne han ikke dø. Derfor står det: «For også Kristus led en gang for synder, en rettferdig for urettferdige, for å føre oss fram til Gud, **han som led døden i legemet men ble gjort levende i ånden**, og i denne gikk han også bort og forkynte for åndene som var i varetekt.» (1 Pet 3,18-19.)

Messias' kropp døde. Men hans ånd, hans guddommelige natur, døde aldri. Læren om Jesu såkalte åndelige død er kjetteri. Syndoffer heter *khatah* på hebraisk, noe som ordrett betyr synd. Jeshua ble gjort til et syndoffer, «*khatah*». Det er dette som Andre korinterbrev 5,21 snakker om. Han bar våre synder, men han ble aldri gjort til synd siden han da ikke kunne ha tilveiebrakt en forsoning for våre synder. Et syndoffer må være feilfritt. Jeshua bar våre synder i sin kropp på korsets tre, men han var hele tiden selv uten synd.

Hvorfor er det så viktig at Jeshua er Gud som kom som menneske? Paulus skriver i Romerbrevet 1,25 om menneskets frafall fra den eneste, sanne Gud: «De som byttet bort Guds sannhet mot løgn og **æret og dyrket skapningen istedenfor Skaperen**, han som er velsignet i evighet. Amen.» Ordet som er oversatt med dyrke i dette verset, er det greske ordet *sebazomai*, som betyr «å frykte, å ære i religiøs betydning, å hedre, å beundre, å tilbe». Det står i Matteus' evangelium 4,10: «Da sa Jesus til ham: 'Bort fra meg, Satan! For det er skrevet: *"Herren din Gud skal du tilbe, og ham alene skal du tjene."'*» I det verset som Jeshua siterer fra Femte Mosebok 6,13, står det: «Herren din Gud skal du frykte, og ham skal du tjene.» Ordet tilbe betyr bokstavelig «å falle ned for». Ut fra disse bibelversene kan vi se at tilbedelse har å gjøre med å dyrke, frykte og tjene. Hvis Jeshua bare er et skapt menneskelig vesen, kan vi verken dyrke, frykte eller tjene ham siden det da skulle være avgudsdyrkelse.

Apostlene presenterte seg imidlertid alltid som tjenere for Jeshua Messias. «Paulus, Jesu Kristi tjener.» (Rom 1,1.) I Galaterbrevet 1,10 skrev Paulus: «Hvis jeg fortsatt forsøkte å behage mennesker, da var jeg ikke Kristi tjener.» Det er altså åpenbart at Messias er mer enn bare et menneske. Peter uttrykte seg på den samme måten: «Simon Peter, Jesu Kristi tjener og apostel.» (2 Pet 1,1.)

Det er enda tydeligere hos Jakob, som var leder for menigheten i Jerusalem, der alle holdt seg strengt til Toraen. Han innleder brevet sitt med:

«Jakob, Guds og Herren Jesu Kristi tjener, hilser.» (Jak 1,1.) Her ser vi at på samme måten som Jakob var Guds tjener, var han også «Herren Jesu Messias tjener». Akkurat som han tjente den levende Gud, tjente han også Jeshua Messias. Han uttrykker seg på den samme måten om begge to. Dette er uforenlig med de strenge forbudene i Toraen og Romerbrevet 1,25 om å «ære og dyrke skapningen istedenfor Skaperen», dersom Jeshua ikke er en del av Guds eget vesen. Jeshua irettesatte aldri noen som falt ned for ham, noe som tvert imot Peter gjorde i Apostlenes gjerninger 10,26 og engelen i Johannes' åpenbaring 19,10 da mennesker falt ned for dem. Vi er kalt til å dyrke, tjene og frykte Jeshua Messias.

EKHAD, IKKE JAKHID

Og har dere ikke lest dette sted i Skriften: «Den steinen som bygningsmennene forkastet, den er blitt hjørnestein. Av Herren er dette gjort, og det er vidunderlig i våre øyne.»

Markus' evangelium 12,10-11

I det forrige kapitlet nevnte vi at Gud først av alt er Skaperen av alle ting. Skriften gjør det veldig klart at Gud skapte alt gjennom sitt ord. Dette Ordet ble senere menneske i Jeshua. Vi leser om ham: «For i ham er alle ting skapt, de i himlene og de på jorden, de synlige og de usynlige, enten det så er troner eller herredømmer eller makter eller myndigheter; alt er det skapt ved ham og til ham, og han er før alle ting, og alle ting står ved ham.» (Kol 1,16-17.)

Men alt er ikke bare blitt skapt gjennom Jeshua. I dag sitter han på Majestetens høyre side og «bærer

69

alle ting ved sin krafts ord» (Heb 1,3). Dette er en
oppgave som kun er reservert for Gud. Jeshua er en
del av Guds egen identitet. Han er en del av Guds
vesen.

Dette betyr dog ikke at Jeshua er den samme som
Faderen. De er ett, men de er ikke samme person.
Faderen forlot ikke tronen sin i himmelen da Jeshua
ble født. For å kunne forstå hvem Gud er, må vi se
nærmere på det hebraiske ordet som blir brukt for å
beskrive Gud som en.

GUD ER EKHAD, IKKE JAKHID

«Hør, Israel! Herren vår Gud, Herren er én.» (5 Mos
6,4.) Ifølge vår Mester er dette det viktigste budet i
hele Skriften. Det er den grunnleggende trosbekjen-
nelsen på Israels Gud. På hebraisk kalles denne
bekjennelsen for *Sjema*.

> Og en av de skriftlærde, som hadde hørt
> ordskiftet deres, gikk til ham da han forsto at han
> hadde svart dem godt, og han spurte ham:
> «Hvilket bud er det første av alle?» Jesus svarte
> ham: «Det første er dette: '***Hør, Israel! Herren***
> ***vår Gud, Herren er én.*** *Og du skal elske Herren*
> *din Gud av hele ditt hjerte og av all din sjel og*
> *av alt ditt sinn og av all din makt.*'»
>
> Markus' evangelium 12,28-30

Det hebraiske ordet som blir brukt for «én» i *Sjema,*
er ordet *ekhad*. Akkurat som på norsk, kan *ekhad*
bety både en enkelt udelelig enhet men også en

70

sammensatt enhet som i f.eks. Første Mosebok 2,24 der det snakkes om mann og kone som en.

> Derfor skal mannen forlate sin far og sin mor og bli hos sin kone, og **de skal være ett legeme**.

Det er med denne betydning som ordet *ekhad* også blir brukt den første gangen som ordet finnes i Bibelen. Den bokstavelige oversettelsen av Første Mosebok 1,5 er: «Og det var kveld, og det var morgen – en dag.» Kvelden og morgenen utgjør sammen en, *ekhad*, dag.

Til forskjell fra norsk, har det hebraiske språket et annet ord for «en», som betyr en **udelelig enhet**. Det er ordet **jakhid**. I Toraen brukes ordet *jakhid* kun i Første Mosebok 22 om Isak, Abrahams **eneste** sønn, et sterkt forbilde på den lovede Messias som Guds **eneste** sønn.

«Da sa han: «Ta din sønn, din eneste, ham som du har så kjær, Isak, og gå til Morias land og ofre ham der som brennoffer på et av fjellene, som jeg skal si til deg.» (1 Mos 22,2.)

Det er verdt å merke seg at det **ikke** er *jakhid* som blir brukt i bekjennelsen om at Gud er en i *Shema*. Gud er ikke *jakhid*. Han er *ekhad*. Den kjente jødiske rabbineren Maimonides, som også blir kalt for Rambam, som levde på 1100-tallet, mente at ordet *jakhid* burde benyttes i stedet for *ekhad* i den jødiske trosbekjennelsen for å motbevise kirkens lære om treenigheten. Men verken Rambam eller noe annet menneske har fått autoritet til å endre på det som står skrevet. Toraen sier at Gud er *ekhad* – ikke *jakhid*.

Dette er meget viktig, for det løser mysteriet om hvordan både Faderen og Sønnen kan være Gud og Gud fortsatt kan være én. Sammen er de *ekhad* akkurat som mann og kone er *ekhad*. Men Faderen og Sønnen er ikke den samme, like lite som mann og kone er den samme, selv om de er ett.

GUDS PLURALITET I TANAKH

Jødiske rabbinere er meget uvillige til å innrømme at Gud kan forstås som noe annet enn singulær og udelelig. Artscrolls kommentar til Daniels bok nevner dog to steder i Bibelen der Gud ifølge *Midrash Tankhuma* blir omtalt i flertall. Det første stedet er Første Mosebok 1,26, og det andre er i Josvas bok 24,19 der det i den hebraiske teksten bokstavelig står skrevet: «Josva sa til folket: 'Dere kan ikke tjene Herren, for han er hellige Guder.'» Her ser vi tydelig at Gud omtales i flertallsform.

La oss se nærmere på det første eksemplet i Første Mosebok. Der handler det om skapelsen, og vi finner at både Gud og mennesket helt tydelig blir omtalt i både entall og flertall.

Og Gud sa: «La oss gjøre mennesker i vårt bilde, etter vår lignelse, og de skal råde over fiskene i havet og over fuglene under himmelen og over feet og over hele jorda og over alt kryp som rører seg på jorda.» Og Gud skapte mennesket i sitt bilde, i Guds bilde skapte han det; til mann og

kvinne skapte han dem ... På den dagen da Gud
skapte mennesket, skapte han det i Guds lignelse.
Til mann og kvinne skapte han dem, og han
velsignet dem og ga dem navnet menneske på
den dagen de ble skapt.

Første Mosebok 1,26-27, 5,1-2

Først står det: «La oss gjøre mennesker i **vårt**
bilde.» Senere står det: «Og Gud skapte mennesket i
sitt bilde.» Det er åpenbart at det henvises til Gud
både i flertall og entall i dette skriftstedet. Vi finner
den samme vekslingen mellom entall og flertall om
mennesket i den samme teksten. Det står: «Gud
skapte **mennesket**» og «skapte han **det**», og senere
«skapte han **dem**» og «ga **dem** navnet». I den siste
setningen står det: «Og han ... ga **dem** [flertall]
navnet **menneske** [entall].»

Akkurat som Gud er både entall og flertall, er
også mennesket entall og flertall siden mennesket er
skapt i Guds bilde. Akkurat som mann og kone har
forskjellige roller å spille, selv om de er *ekhad*, og
begge kalles for menneske, har Faderen og Sønnen
forskjellige roller å spille selv om de er *ekhad* og
begge er Gud. Mannen er hustruens hode. På
samme måten er Gud Faderen Messias' hode, se
Paulus' første brev til korinterne 11,3. Messias blir
ofte omtalt som «JHVH sin tjener». Jeshua er
fullkomment underordnet Faderen, på samme måten
som kona er kalt til å underordne seg sin mann.

Tidligere siterte vi Salme 33,6: «Himlene er
skapt ved Herrens ord og hele deres hær ved hans
munns ånde.» Her er det tre ting som blir nevnt:

JHVH, hans ord og hans ånde. Så vi ser i dette verset at himlene ble skapt av JHVH, hans ord og hans ånde, det vil si Faderen, Sønnen og Den hellige ånd.

På samme måten introduserer de tre første versene i Bibelen oss umiddelbart for Faderen, Den hellige ånd og Ordet (Sønnen). Alle tre er en del av Guds evige vesen.

1 Mos 1,1: «I begynnelsen skapte **Gud** himmelen og jorda.»

1 Mos 1,2: «Og **Guds ånd** svevde over vannene.»

1 Mos 1,3: «Da **sa Gud** [Ordet]: 'La det bli lys!' Og det ble lys.»

TREENIGHETSLÆREN

I De apostoliske skriftene blir Faderen, Sønnen og Ånden nevnt sammen i flere tekster, se for eksempel Matteus' evangelium 28,19, Første korinterbrev 8,6, Andre korinterbrev 13,13, Efeserbrevet 4,4-6 og Peters første brev 1,1-2. Noen liberalteologer hevder at uttrykket «Faderens og Sønnens og Den hellige ånds navn» i Matteus' evangelium 28,19 er et senere tillegg som kirken har gjort. Det finnes dog ikke ett eneste manuskript verken på gresk eller arameisk der disse ordene ikke er med. I den gamle skriften Didaché blir dåpen «i Faderens, Sønnens og Den hellige ånds navn» nevnt synonymt med dåpen «i Herrens navn».[10] Det handler altså ikke om noen motsetning mellom

___
10 Didaché 7,1, 9,5.

disse formlene. Paulus forklarer jo i Kolosserbrevet 2,9 om Messias: «For i hans kropp bor hele guddommens fylde.» En dåp i Jeshua Messias' navn, som er den formelen som forekommer gjennom hele Apostlenes gjerninger, er med andre ord en dåp i «Faderens, Sønnens og Den hellige ånds navn», det vil si en dåp inn i guddommens hele fylde som finnes i Messias. Amen!

En del mener at kirkens treenighetslære stammer fra Babylon og andre hedenske kulturers triader av guder. Det kan sikkert ha forekommet en viss påvirkning derfra i den senere delen av utviklingen av treenighetslæren. Men at treenighetslæren opprinnelig kommer fra Babylon og ikke fra skriftene, er som å si at evangeliet skulle stamme fra Babylon siden man også innenfor Babylons mytologi snakker om gudesønnen Tammus' overnaturlige fødsel, død og oppstandelse. Det er jo tvert imot slik at det alltid har vært djevelen som har forsøkt å kopiere og korrumpere det som Gud sier og gjør. Hans falske kopier er snarere et bevis på sannheten i Guds ord.

Vi må akseptere det faktum at vi med vår menneskelige forstand aldri helt og fullt kan forstå eller forklare Guds ord. Treenighetslæren[11] er det beste forsøket som er blitt gjort i trofasthet mot Bibelens tekst. Bibelen forklarer nemlig at Guds ånd ikke bare er en kraft, men at Guds ånd også har personlige egenskaper akkurat som Faderen og

---

11 Med Treenighetslæren mener jeg den tradisjonelle kristne oppfatningen om at Gud eksisterer fra evighet av som Faderen, Sønnen (Ordet) og Ånden.

Sønnen. Ånden hører og taler: «For han skal ikke tale av seg selv, men **det som han hører, skal han tale**, og de kommende ting skal han forkynne for dere.» (Joh 16,13.) Han har en vilje: «Alt dette virker den ene og **samme ånd** idet han deler ut til enhver **slik som han vil.**» (1 Kor 12,11.) Han har også følelser: «**Og gjør ikke Guds hellige ånd sorg**, han som dere har fått til segl til forløsningens dag.» (Ef 4,30.) Samtidig er Faderen, Sønnen og Ånden fullkomment ett – *ekhad*.

Vi har allerede sett at åpenbaringen av Gud som treenig på ingen måte bare forekommer i De apostoliske skriftene (NT) men også forekommer allerede i de første tre versene i de hebraiske skriftene. Det finnes flere tydelige forbilder på Guds trefoldige natur i Toraen. Gud har for eksempel valgt å presentere seg som «Abrahams, Isaks og Jakobs Gud». I Andre Mosebok 3,15 står det skrevet: «Og Gud sa videre til Moses: 'Dette skal du si til Israels barn: "Herren, deres fedres Gud, Abrahams Gud, Isaks Gud og Jakobs Gud har sendt meg til dere." **Dette er mitt navn til evig tid, og dette skal de kalle meg fra generasjon til generasjon.**'»

Hvorfor denne «trefoldighet»? Hvorfor ikke to patriarker? Hvorfor ikke fire? Hvorfor har Gud valgt å gi seg selv navn etter nettopp tre patriarker? Man trenger ikke å søke lenge for å oppdage hvordan Abraham gir oss et tydelig forbilde på Faderen, Isak på Sønnen og Jakob på Den hellige ånds verk med å fostre oss til gudfryktige mennesker. Israels Gud, den evige, JHVH, er Abrahams, Isaks og Jakobs Gud. «**Dette er mitt**

navn til evig tid, og dette skal de kalle meg fra generasjon til generasjon.»

På samme måten leser vi om når den evige åpenbarer seg for Abraham i Første Mosebok 18,1-2:

> Og Herren åpenbarte seg for ham i Mamres terebintlund mens han satt i døra til teltet sitt midt på den heteste delen av dagen. Da han så opp, fikk han se tre menn som sto foran ham.

Hvorfor åpenbarer den evige seg for Abraham i form av tre menn? Hvorfor ikke to? Hvorfor ikke fire? Atter en gang er tre tallet som er assosiert med åpenbaringen av JHVH. Vi ser også i dette avsnittet hvordan teksten veksler mellom å snakke om de tre mennene og JHVH:

> Og da han [Abraham] ble klar over **dem** [de tre mennene], løp han **dem** i møte fra teltdøra og bøyde seg ned mot jorda og sa: «Herre! Hvis jeg har funnet nåde for **dine** øyne, så gå ikke **din** tjener forbi!»
>
> Første Mosebok 18,2-3

Abraham bøyer seg ned for de tre mennene men tiltaler dem i entall og sier: «Hvis jeg har funnet nåde for **dine** øyne, så gå ikke **din** tjener forbi.» I neste setning går Abraham derimot over til å bruke flertall uten at det finnes noen forklaring på det i teksten. «La oss få hente litt vann slik at **dere** kan få vaske føttene deres og hvile **dere** under treet.»

Videre står det senere i vers 9 og 10:

Da sa de til ham: «Hvor er Sara, kona di?» Han
svarte: «Hun er der inne i teltet.» Da sa han:
«**Jeg** vil komme til deg igjen på den samme tiden
neste år, og da skal Sara, kona di, ha en sønn.»

Første Mosebok 18,9-10

Atter en gang ser vi hvordan teksten veksler mellom
entall og flertall. Toraen beskriver altså i Første
Mosebok 18 hvordan den evige, JHVH, åpenbarer
seg for Abraham og både blir beskrevet som tre
menn og som en enkelt Herre. Forbildet på Guds
treenighet kan neppe bli tydeligere enn dette.

Er dette et mysterium? Absolutt! Det er like
umulig å forklare Guds treenighet som det er å
prøve å forklare hvordan mennesket består av ånd,
sjel og legeme. Vi kan kun akseptere at det er på
den måten. Noen har sagt: «Prøv å forklare
treenigheten, så kommer du til å gå fra forstanden.
Prøv å fornekte den, så kommer du til å miste
frelsen.» Det ligger en god del i den påstanden. Det
er farlig å både prøve å fornekte treenighetslæren og
å prøve å forklare den siden Bibelen selv aldri gjør
det. Det ligger utenfor vår forstand. «For nå ser vi i
et speil, i en gåte. Men da skal vi se ansikt til ansikt.
Nå kjenner jeg stykkevis, men da skal jeg kjenne
fullt ut på samme måten som jeg også fullt ut er
kjent.» (1 Kor 13,12.) Det som vi skal være opptatt
med, er å adlyde Guds ord. «Det skjulte tilhører
Herren vår Gud, men det som er åpenbart, er for oss

og for våre barn til evig tid for at vi skal holde alle ordene i denne loven.» (5 Mos 29,29.)

GUD ER EVIG

Da Gud kalte Moses til å føre Israel ut av Egypt, spurte Moses Gud om navnet hans. I Skriften er et navn en indikasjon på personens karakter. Moses ville vite hvem Gud er.

> Da sa Moses til Gud: «Men når jeg nå kommer til Israels barn og sier til dem: 'Deres fedres Gud har sendt meg til dere', og de så spør meg: 'Hva er hans navn?' Hva skal jeg da svare dem?» Og Gud sa til Moses: «Jeg er den jeg er.» Og han sa: «Dette skal du si til Israels barn: 'Jeg er har sendt meg til dere.'»
>
> Andre Mosebok 3,13-14

Guds egennavn er «JEG ER DEN JEG ER», noe som også kan oversettes med «JEG KOMMER TIL Å VÆRE DEN JEG KOMMER TIL Å VÆRE». Gud er unik. Han er den eneste som er evig. Han eksisterer før alt og kommer for alltid til å være den han er. Han endrer seg aldri.

I Johannes' evangelium 8,58 står det: «Jesus sa til dem: 'Sannelig, sannelig sier jeg dere: Før Abraham ble til, er jeg.'»

Det er ikke mulig å forstå Jeshuas uttalelse her på noen annen måte enn at han også påstår at han er evig. Han sier ikke bare at han **var** før Abraham, men at han **er** før Abraham. Han eksisterte før

79

LARS ENARSON

Abraham eller noe annet menneske ble født, akkurat som vi også kan lese i Johannes' evangelium 1,15: «Johannes vitner om ham og roper: 'Det var denne som jeg talte om: Han som kommer etter meg, er kommet foran meg, fordi han var før meg.'»

Atter en gang ser vi i Johannes 8 at reaksjonen på Jesu uttalelse om at han er før Abraham, kom umiddelbart. Det står i det følgende verset: Da tok de opp steiner for å kaste på ham, men Jesus skjulte seg og gikk ut av templet.» (Joh 8,59.) Ingen andre enn Gud er evig. Jeshuas påstand var dermed åpenbart blasfemi i deres ører, og siden straffen for blasfemi i Toraen er steining, plukket de umiddelbart opp steiner for å drepe ham.

Det å hevde at man er evig, er absolutt å påstå at man er lik Gud. Det er en meget alvorlig sak. Enten er Jeshuas påstand sant, eller så er han en løgner. Det finnes ingen mellomting her.

Tidligere i teksten hadde Jeshua selv understrøket alvoret i spørsmålet ved å si: «For hvis dere ikke tror at det er meg, da skal dere dø i deres synder.» (Joh 8,24.) I den svenske 1917-oversettelsen står det: «**Hvis dere ikke tror at jeg er den jeg er**, så skal dere dø i deres synder.» Hvis vi ikke tror at Jeshua er den han sier at han er, kommer vi til å dø i våre synder.

GUD ER HELLIG

Guds viktigste attributt er at han er hellig. Hellig betyr «adskilt». Det at Gud er hellig, betyr også at ingen er som ham. **Det finnes ingen ved hans side.**

Ingen kan sammenlignes med ham. Han er adskilt fra alt annet og alle andre. Forståelsen av Guds adskillelse, spesielt fra et hebraisk perspektiv, gir oss antagelig det aller sterkeste og mest avgjørende beviset på Messias' guddommelighet.

La oss se på noen uttalelser om Guds hellighet fra Jesajas bok.

«Hvem vil dere da sammenligne meg med, så jeg skulle være ham lik?» sier den hellige. Løft deres øyne mot det høye og se: Hvem har skapt disse tingene?

Jesaja 40,25-26

Så sier Gud Herren, som skapte himmelen og spente den ut, som bredte ut jorda med det som gror på den, som gir pust til folket som bor på den og ånd til dem som ferdes på den: ... «**Jeg er Herren. Det er mitt navn, og jeg gir ikke min ære til noen annen.**»

Jesaja 42,5.8

«Jeg, jeg er Herren, og **uten meg finnes det ingen frelser.**»

Jesaja 43,11

«Jeg er Herren, som gjør alle ting, **som spente ut himmelen alene**, som bredte ut jorda uten hjelp fra noen.

Jesaja 44,24

«**Jeg er Herren, og det er ingen andre.** Bortsett fra meg er det ingen Gud. Jeg omsluttet deg ennå

81

da du ikke kjente meg for at de både i øst og vest skal vite at det er ingen bortsett fra meg. **Jeg er Herren, og det er ingen andre.**»

Jesaja 45,5-6

For så sier Herren, som skapte himmelen, han som er Gud, han som formet jorda og gjorde den, han som grunnfestet den, han som ikke skapte den til å være øde men dannet den til bolig for folk: «**Jeg er Herren, og det er ingen andre.**»

Jesaja 45,18

«**Hvem vil dere ligne meg med** og stille meg sammen med? Hvem vil dere sammenligne meg med, så vi skulle være like?»

Jesaja 46,5

«Husk de forrige ting fra gammel tid, at jeg er Gud og ingen andre, at **jeg er Gud, og at det er ingen som meg.**»

Jesaja 46,9

«For min skyld, for min skyld gjør jeg det. For hvordan skulle jeg kunne la mitt navn bli vanhelliget? **Og min ære gir jeg ikke til noen andre.**»

Jesaja 48,11

Gang på gang gjentas det at det finnes ingen Gud, ingen skaper og ingen frelser bortsett fra JHVH. Det finnes ingen ved JHVH sin side. Ingen som kan sammenlignes med JHVH, og JHVH gir aldri sin ære til noen andre.

I motsetning til gresk tankegang og hedensk mytologi, har det jødiske folket bare en Gud. Det finnes ingen «halvguder» eller «midtvesener» mellom det skapte og den evige Gud i skriftene. Innenfor hedningenes mytologier finnes det derimot ofte en overordnet Gud som regjerer over et panteon av «mindre» eller «lavere» guder. Dette er absolutt fremmende for Bibelen og for de som tenker på hebraisk. Der finnes det ingen «midtvesener» mellom mennesket og den høyeste Gud.

Det er meget viktig å huske på dette når vi definerer Jeshuas guddommelighet. Vi kan jo se meget klart fra mange bibelvers at Jeshua er mer enn bare et menneske. Kirkefaderen Origenes var opplært i gresk filosofi. På grunnlag av sine greske tanker forsøkte han å forklare at Jesus er Gud, men det var ikke på den samme måten som Gud Faderen er Gud. Jesus er Gud men i mindre utstrekning enn Faderen. Denne ideen er hedensk og stemmer ikke overens med Skriftene.

I den hebraiske tankegangen, som er basert på skriftene, finnes det bare to muligheter: Enten er Jeshua bare et menneske, noe som betyr at de mange uttalelsene som han hadde om likhet med Gud, er blasfemi. Eller så er Jeshua en del av Guds egen identitet i form av Guds ord som ble kjød. **Hebraisk tankegang gir ikke noe rom for noen ting mellom Gud og hans skapning.**

Er Jeshuas enhet med Faderen kun en enhet i vilje og formål, men ikke i sin substans, og er «Guds sønn» kun en tittel på Messias? Som vi har sagt tidligere, har Bibelen veldig lite å si om hva

Gud består av eller hans substans. Men en ting kan vi dog være sikre på. I Jeshua Messias er det Guds eget liv, hans eget evige liv, som er blitt åpenbart i menneskelig form.

> Det som var fra begynnelsen, det som vi har hørt, det som vi har sett med våre øyne, **det som vi beskuet og våre hender tok på** – om **livets ord. Og livet ble åpenbart, og vi har sett det** og vitner og forkynner livet for dere, <u>**det evige liv, som var hos Faderen og ble åpenbart for oss**</u>.
>
> Johannes' første brev 1,1-2

Det å være Guds sønn er så absolutt ikke **bare** en tittel. Som vi leser her, var det Guds eget liv som ble kjød og ble åpenbart gjennom Jeshua fra Nasaret.

> Hver den som fornekter Sønnen, har heller ikke Faderen. Den som bekjenner Sønnen, har også Faderen.
>
> Johannes' første brev 2,23

SNUBLESTEINEN VIL BLI DEN VIDUNDERLIGE SLUTTSTEINEN

Den siste gangen som han besøkte templet, sa Jeshua til det jødiske lederskapet: «Og har dere ikke lest dette sted i Skriften: 'Den steinen som bygningsmennene forkastet, den er blitt hjørnestein. Av Herren er dette gjort, og det er vidunderlig i våre øyne.'» (Mark 12,10-11.)

Det hebraiske ordet for hjørnestein i dette sitatet, er *rosj pina*, som også kan oversettes med «sluttstein». Det kan være en henvisning til hjørnesteinen i en grunnvoll men også til sluttsteinen oppe i toppen av en buegang. Det er denne steinen som avslutter og samtidig holder hele strukturen oppe og holder den sammen.

Bygningsmennene, de jødiske lederne, kastet bort den steinen som ikke bare er hjørnestein, begynnelsen på hele Guds skapelse, men også sluttsteinen – fullbyrdelsen av alt det som profetene hadde talt. Bygningen kan verken bli fullbyrdet eller holdes sammen før denne sluttsteinen kommer på plass.

Vi ber og venter på den dagen da hele Jerusalem til slutt vil rope til Jeshua fra Nasaret slik som disiplene hans gjorde ved det siste inntoget i byen. «Hosianna, hosianna!» «Å Herre, frels allikevel! Å Herre, da det lykkes! Velsignet være han som kommer i Herrens navn!» (Sal 118,25-26.)

DAVIDS SØNN

«Jeg er Davids rotskudd og ætt, den klare
morgenstjernen ... Ja, jeg kommer snart.»

Johannes' åpenbaring 22,16.20

D ette er Jesu egne siste ord i skriftene. Jeshua
fra Nasaret er både Davids rotskudd og hans
ætt. Han er både den levende Guds sønn og Davids
sønn. Han er Gud som kom i kjødet, både Gud og
menneske. Denne boka hadde ikke vært komplett
hvis den ikke også hadde nevnt noe om vår mesters
menneskelige side.

Vi har allerede sett at det først av alt var Jeshuas
guddommelige påstand som ble en snublestein for
de religiøse lederne i Israel på hans tid. Under
løvhyttefesten for noen år siden snakket jeg med
noen jødisk ungdommer i trappen ned mot
Vestmuren i Jerusalem. Jeg fortalte at jeg tror på
Jeshua fra Nasaret som Israels Messias og elsker det

jødiske folket. En av ungdommene var veldig raskt ute med å påpeke hva det er som skiller oss: «Dere kristne tror at Jesus er Gud. Vi jøder tror at messias er et menneske. Han er Davids sønn. Ingenting annet.»

En del av Israel er blitt forherdet når det gjelder deres Messias. I Romerbrevets ellevte kapittel har Paulus imidlertid en alvorlig formaning til de troende hedningene i Rom om at de ikke skal ha for høye tanker om seg selv og innbille seg at de er bedre enn det jødiske folket.

> Men hvis førstegrøden er hellig, da er deigen også det. Og hvis roten er hellig, da er grenene også det. Hvis nå allikevel noen av greinene ble brutt av, og du, som var en vill oljekvist, ble innpodet blant dem og fikk del sammen med dem i oliventreets rot og fedme, **så skryt ikke mot greinene! Men hvis du skryter, så er det allikevel ikke du som bærer roten men roten som bærer deg** … Vær ikke overmodig men frykt!
>
> Paulus' brev til romerne 11,16-18.20

Videre forklarer Paulus i vers 25: «For jeg vil ikke, brødre, at dere skal være uvitende om denne hemmeligheten, **for at dere ikke skal mene at dere selv er kloke**, at forherdelse delvis er kommet over Israel inntil hedningenes fylde er kommet inn.»

Paulus advarer her hedningene for å anse seg selv for vis, noe som fører til at man bedrar seg selv. Hvor treffsikker har ikke denne formaningen vist seg å være under kirkens historie. Akkurat som Messias' guddommelighet, at han er Guds sønn, ble en snublestein for det jødiske folket, så ble nemlig hans menneskelige side, at han er Davids sønn, en snublestein for kirken.

Inkarnasjonen handler ikke bare om at Ordet som var hos Gud og var Gud ble menneske. Da Gud åpenbarte seg gjennom sin sønn, så kom han som en jøde, en jødisk rabbiner som levde et fullkomment rettferdig liv ifølge Moseloven. Mester eller rabbi var den tittelen som datidens mennesker brukte når de tiltalte ham. Han bar dusker i hjørnene på klærne sine og underviste i synagogen på sabbaten.

Dette ble etterhvert ikke så populært i kirken. Ingen av de tre såkalte økumeniske trosbekjennelsene, verken den apostoliske, den nikenske eller den atanasianske nevner med ett eneste ord at Jesus er Davids sønn. Det er ikke slik at kirken har fornektet at han er menneske, men det er ikke klart uttalt med ett eneste ord at han er Davids sønn og Israels lovede Messias. Allikevel er det jo slik som hele Det nye testamente begynner: «Jesu Kristi, Davids sønns, Abrahams sønns stamtavle.» (Matt 1,1.) Denne fundamentale bibelske sannheten unnlates med total stillhet i alle de kristne trosbekjennelsene.

Jeg husker da jeg var med på en TV-innspilling i Jerusalem for et antall år siden. Programlederen intervjuet blant annet en kristen arabisk pastor i Israel og spurte ham: «Hvordan opplever du det som araber at Jesus er jøde?» Svaret var veldig kort: «For meg spiller det ingen rolle om Jesus er jøde,

LARS ENARSON

araber eller amerikaner. Det eneste som betyr noe
for meg, er at han er min frelser.»
Det høres helt korrekt ut i de fleste kristne ører.
Mange vil sikkert også legge til et kraftig «amen,
bror». Men spørsmålet er om svaret faktisk stemmer
helt med Guds ord. Spiller det noen rolle om Jesus
er jøde, araber eller amerikaner?

Paulus var nøye med å betone Jeshuas
menneskelige side. I Romerbrevet 1,1-3 står det:
«Paulus, Jesu Kristi tjener, kalt til apostel, utkåret til
å forkynne Guds evangelium som han tidligere
lovte ved sine profeter i hellige skrifter, **om hans
sønn, som etter legemet er kommet av Davids
slekt.**»

Og i Paulus' andre brev til Timoteus 2,8
oppfordrer apostelen: «**Husk Jesus** Kristus, som er
oppstått fra de døde, av **Davids slekt, etter mitt
evangelium.**» Kan vi ignorere at Jesus er Davids
sønn og samtidig påstå at vi forkynner et «fullverdig
evangelium»?

Da Paulus forkynte evangeliet i synagogen i
Antiokia i Pisidia, forklarte han:

Og vi forkynner for dere evangeliet om **det løftet
som ble gitt til fedrene, at dette har Gud
oppfylt** for oss, deres barn, da han oppreiste
Jesus, slik som det også står skrevet i den andre
salmen: 'Du er min sønn, jeg har født deg i dag.'
Men det at han har oppreist ham fra de døde,
så han ikke lenger skal vende tilbake til
tilintetgjørelse, det **har han sagt på denne**

måten: 'Jeg vil gi dere de hellige løftene til David, de trofaste.'

Apostlenes gjerninger 13,32-34

For de fleste kristne, akkurat som for den arabiske pastoren, finnes det ingen forbindelse mellom Jesu oppstandelse fra de døde og et løfte som Gud ga til David. Hvilket løfte skulle det i så fall være? Den manglende kunnskapen om dette er nesten total. Forkynner kirken i dag virkelig det samme evangeliet som apostlene forkynte? Tilgivelsen for synd gjennom Jesu blod er en viktig og grunnleggende del av evangeliet om Guds sønn. Det kan vi aldri prute på. Men det er ikke hele evangeliet, ikke ifølge Paulus og Peter.

Slik forkynte Simon Peter det gode budskapet på pinsedagen:

«Brødre! La meg få lov til å tale med frimodighet til dere om **patriarken David**, at han både døde og ble begravd, og hans grav er blant oss den dag i dag. Da han **var en profet og visste at Gud med en ed hadde sverget for ham at han ville sette en på hans trone fra hans hofters frukt**, så var det om Messias' oppstandelse han talte det klarsynte ordet at han ikke ble forlatt i dødsriket, og ikke heller så hans legeme tilintetgjørelse. **Denne Jesus oppreiste Gud, som vi alle er vitner om**.»

Apostlenes gjerninger 2,29-32

Peter understreket at denne Jesus, som Gud har reist opp, er Davids sønn, den som Gud med en ed hadde lovt å sette som arving på tronen hans. Vi kan ikke forkynne noen annen Jesus enn «denne Jesus» som apostlene, sendebudene hans, forkynte.

Men akkurat som Jeshuas guddommelige side ble en snublestein for det jødiske folket, ble hans menneskelige side etterhvert en snublestein for kirken. Innenfor kirkelig kunst har Jeshua vanligvis blitt framstilt som en hvit europeer med blå øyne og en barhodet gresk avgud med langt, frigitt hår.

Akkurat som det hviler et slør over det jødiske folket angående hvem deres Messias er, så hviler det i dag også et slør over mange kristne om hvem Messias er som menneske. Vi kjenner den guddommelige siden. Men den menneskelige siden, det at Jesus er Davids sønn, den lovede arvingen til Davids trone, blir sjelden eller aldri nevnt i kristen forkynnelse.

Allikevel er det i første hånd nettopp dette løftet til David som engelen Gabriel henviste til da han åpenbarte seg for den unge jenta Miriam i Nasaret. Jomfru Marias egentlige navn var Miriam, ikke Maria.[12] Miriam var ingen katolikk men en rettferdig jødinne som levde trofast etter Moseloven. Hun ville aldri noensinne tillate at noen gjorde bilder av henne som man faller ned for. Det ville hun ha betraktet som avgudsdyrkelse.

Slik sa Gabriel til Miriam:

---

12 I den greske teksten står det *Mariam* (Μαριαμ), det samme navnet som Moses' søster.

«Vær hilset, du som er benådet! Herren er med deg. Velsignet er du blant kvinner.» Men hun ble forferdet over hans ord og funderte på hva slags hilsen dette skulle være. Og engelen sa til henne: «Frykt ikke, Maria, for du har funnet nåde hos Gud. Og se, du skal bli gravid og føde en sønn, og du skal kalle ham Jesus. Han skal være stor og kalles for den høyestes sønn, og **Gud Herren skal gi ham hans far Davids trone**, og han skal være konge over Jakobs hus i evighet, og det skal ikke være noen ende på hans kongedømme.»

Lukas' evangelium 1,28-33

Hvor var Davids trone? I himmelen? Nei, den var i Jerusalem. Det er der som Jeshua en dag kommer til å sitte på Davids trone og styre alle nasjoner, akkurat som det står i den andre salmen, som Paulus henviste til i forkynnelsen ovenfor:

Jeg vil kunngjøre det som er fastsatt: Herren sa til meg: «Du er min sønn, jeg har født deg i dag. Begjær av meg, så vil jeg gi deg hedningene i arv og **jordas ender i eie**.»

Salme 2,7-8

I Jesaja 11,10 står det:

På den tiden skal hedningfolkene søke til Isais rotskudd, som står som et banner for folkeslag, og hans bolig skal være herlighet.

Denne herlige boligen som Jesaja snakker om, er Tempelplassen i Jerusalem, som profeten Esekiel beskriver.

> Så førte han meg til porten, den porten som vendte mot øst. Og se, Israels Guds herlighet kom fra øst, og lyden av den var som lyden av store vann, og **jorda lyste av hans herlighet**. Og det var som å se det synet jeg hadde sett før, som det synet jeg så da jeg kom for å ødelegge byen, og synene var som det synet jeg hadde sett ved elven Kebar, og jeg falt ned på mitt ansikt.
>
> Esekiel 43,1-3

Herligheten fra Israels Gud som kommer fra øst, handler om Messias' gjenkomst i herlighet når han setter sine føtter på Oljeberget for å toge inn i Jerusalem. Jorda vil bli opplyst av herligheten hans, og antikrist vil bli tilintetgjort ved utstrålingen fra hans åpenbaring (2 Tess 2,8).

Esekiel fortsetter:

> Og Herrens herlighet dro inn i templet gjennom den porten som vendte mot øst. Og Ånden løftet meg opp og førte meg inn i den indre forgården, og se, Herrens herlighet fylte templet. Og jeg hørte en som talte til meg **ut fra templet** mens en mann sto ved siden av meg. Og han sa til meg: «Menneskesønn! **Dette er stedet for min trone, det sted hvor mine føtter skal stå, og der vil jeg bo blant Israels barn til evig tid.**»
>
> Esekiel 43,4-7

Jesaja profeterte ytterligere om dette:

> Og det skal skje i de siste dager, **da skal fjellet der Herrens hus står, være grunnfestet på toppen av fjellene og høyt hevet over alle høyder. Og alle hedningfolk skal strømme til det.** Og mange folkeslag skal gå av sted og si: «Kom, la oss gå opp til Herrens berg, til Jakobs Guds hus, så han kan lære oss sine veier og vi ferdes på hans stier.» For fra Sion skal loven utgå, og Herrens ord fra Jerusalem. Og han skal dømme mellom hedningfolkene og skifte rett for mange folkeslag, og de skal smi sine sverd om til hakker og sine spyd til vingårdskniver. Ett folk skal ikke lenger løfte sverd mot et annet, og de skal ikke lenger lære å føre krig.
>
> Jesaja 2,2-4

I Jeremia 3,17 står det:

> På den tiden skal de kalle Jerusalem for Herrens trone. Og alle folk skal samle seg der, til Herrens navn i Jerusalem, og de skal ikke lenger følge sitt onde, harde hjerte.

Ifølge Paulus var årsaken til at Guds oppreiste Jeshua fra de døde, slik at han aldri lenger kan dø men sitte på Davids trone for evig, at han ville fullbyrde alle disse vidunderlige løftene om Guds rike over hele jorda. Kristne vet at Jesus en dag vil komme tilbake igjen. Men siden kirken har valgt å ignorere Jesu menneskelige side som Davids sønn, er mange uvitende om Guds planer for framtiden og hva Messias vil gjøre når han kommer tilbake. De har ingen kunnskap om en stor og viktig del av evangeliet.

I den siste store eskatologiske talen sin sa Jesus: «Og dette evangeliet om riket skal forkynnes over hele jorda som et vitnesbyrd for alle folk, og så skal enden komme.» (Matt 24,14.) Evangeliet om riket handler om mer enn bare tilgivelse for syndene og et evig liv. Det handler om mer enn bare et usynlig åndelig rike i individuelle menneskers hjerter eller at syke blir helbredet.

Jesus talte om evangeliet om riket i forbindelse med løftet om sin gjenkomst i stor makt og herlighet for å innta sin trone og regjere i rettferdighet som konge over hele jorda i Jerusalem. Det er de gode nyhetene om dette riket som må forkynnes i hele verden som et vitnesbyrd for alle folk, «og så skal enden komme».

REFORMASJONEN

Reformasjonen for fem hundre år siden gjenopprettet aldri dette evangeliet om Guds rike. Anti-jødiskheten og erstatningsteologien satt fortsatt i høysetet og dominerte tankene. I Apostlenes gjerninger 1,6 stilte disiplene følgende spørsmål til Jeshua: «Herre, vil du på denne tiden gjenreise riket for Israel?» Slik kommenterte den mest kjente reformatoren etter Luther, Jean Calvin, dette spørsmålet: «Det er like mange feil i disiplenes spørsmål som det er ord i teksten.» Disiplene hadde med andre ord ingen anelse om hva de snakket om, ifølge Calvin. De var helt forblindet. Han hadde åpenbart en oppfatning om at det selvfølgelig ikke ville bli opprettet noe rike for Israel. Israels tid var over, men disiplene hadde ikke forstått det ennå.

Det var ikke disiplene men Jean Calvin som var forblindet. Jeshua irettesatte aldri disiplene med ett eneste ord fordi de stilte dette spørsmålet. De hadde spurt ham om tiden for opprettelsen av Israels rike, og Jeshua svarte på det spørsmålet: «Han sa til dem: 'Det er ikke deres sak å vite **tider** eller timer som min Far har fastsatt i sin egen makt.'» (v. 7.) Det handlet altså ikke **om** det skulle skje men **når** det skulle skje.

Det at Israels rike vil bli gjenopprettet, var en selvfølge både for disiplene og Jeshua. Hvordan kan man lese løftet til David i Første Krønikebok 17, som alle disiplene kjente så godt, og få en annen oppfatning? Det er ikke mulig. Natan profeterte for David:

«Og nå forkynner jeg for deg at Herren vil bygge deg et hus. Når dine dagers tall er fullt, og du går til dine fedre, da vil jeg **etter deg reise opp din slekt, en av dine sønner, og jeg vil konsolidere hans kongedømme. Han skal bygge meg et hus, og jeg vil sikre hans trone for evig tid.** Jeg vil være hans Far, og han skal være min sønn. Og min barmhjertighet vil jeg ikke la vike fra ham, slik som jeg lot den vike fra ham som var før deg. **Men jeg vil la ham bli i mitt hus og i**

mitt rike for evig tid, og hans trone skal være konsolidert til evig tid.»

Første Krønikebok 17,10-14

Etter at han fikk dette løftet, ba David:

«Herre, det er ingen som deg, og det er ingen Gud bortsett fra deg, etter alt det vi har hørt med ørene våre. Og hvor er det på jorda **ett eneste folk som ditt folk, Israel, et folk som Gud kom og satte fri så det skulle være hans eget folk, for å gjøre deg et navn** ved store og forferdelige gjerninger, ved å drive ut hedningfolk for ditt folks skyld, som du satte fri fra Egypt? **Og du satte ditt folk, Israel, til å være ditt folk til evig tid.** Og du, Herre, er blitt deres Gud. Så la nå, Herre, det ord du har talt om din tjener og om hans hus, stå fast til evig tid, og gjør som du har sagt! Ja, la det stå fast! Da skal ditt navn bli stort til evig tid så folk skal si: Herren, hærskarenes Gud, Israels Gud, er Gud for Israel. Og din tjener Davids hus skal være konsolidert for ditt ansikt.»

Første Krønikebok 17,20-24

Gud er en Gud som holder pakter. Hvordan skulle vi noensinne kunne stole på Gud hvis han ikke holder disse klare og tydelige løftene? Det er når han holder løftene sine til Israel, som hans navn vil bli stort for evig tid.

I Romerbrevet 15,10 siterer Paulus fra Moses' beskrivelse av Israels endelige gjenopprettelse i Femte Mosebok 32: «Og enda en gang sier Skriften:

Gled dere, dere hedninger, sammen med folket hans.» Vi er kalt til å glede oss **sammen med** Israel, ikke istedenfor Israel. Når Gud til slutt vil gjenopprette Israel, vil alle folk glede seg over Guds rike på jorda.

Det står skrevet i Salme 132:

> Herren har sverget en sann ed, som han ikke vil forlate, til David: «Av ditt livs frukt vil jeg sette konger på din trone.» ... For Herren har utvalgt Sion. Han har lengtet etter det som sin bolig. «Dette er mitt hvilested til evig tid. Her vil jeg bo, fordi jeg har lengtet etter det.»
>
> Salme 132,11.13-14

Hele Bibelen avsluttes med disse ordene:

> «**Jeg er Davids rotskudd og ætt**, den klare morgenstjernen.» ... Han som vitner dette, sier: «Ja, jeg kommer snart.» Amen, ja kom, Herre Jesus! Vår Herre Jesu Kristi nåde være med dere alle!
>
> Johannes' åpenbaring 22,16.20-21

Vi venter på ham som ikke bare en Guds enbårne sønn men også Davids ætt som kommer til å arve hans trone. Kirken har frimodig forkynt og understreket Kristi guddommelighet, men den har ikke vært villig til å vedkjennes hans menneskelige identitet som Davids sønn. Der som det bibelske håpet mangler, blir tomrommet alltid fylt av et falsk håp. Det betyr at vi ikke er forberedt for de omstyrtende begivenhetene som vil finne sted i den siste tiden. Hvis man ikke vet hvor man er på vei, er det stor risiko for at man blir dratt med i noen av de mange frafallets vinder som vil blåse.

Det er høy tid for å omvende seg fordi Messias kommer snart. Vi kan ikke la vår tro være grunnlagt på verken kirkefedre, reformatorer eller vekkelses-predikanter, uansett hvor bra de er. Vi må prøve alt og beholde det gode. Vår tro må være fast forankret på apostlenes og profetenes grunnvoll, det vil si den skriftlige åpenbaringen fra Første Mosebok til Johannes' åpenbaring. Det er den troen som en gang for alle er blitt overlevert de hellige, som vil bli gjenopprettet i den siste tiden. «Elia skal komme og gjenopprette alt.» (Matt 17,11 SFB.)

ANTIKRISTS ÅND

Apostelen Johannes skriver i Johannes' første brev 4,1-6:

Dere elskede! Tro ikke alle ånder, men prøv åndene om de er fra Gud. For mange falske profeter har gått ut i verden. På dette skal dere gjenkjenne Guds ånd: **Hver ånd som bekjenner at Jesus er Kristus, som er kommet i legemet, er av Gud.** Og hver ånd som ikke bekjenner Jesus, er ikke av Gud. Og dette er antikrists ånd, som dere har hørt om at skal komme, og den er allerede nå i verden. Dere er av Gud, mine barn, og har seiret over dem. For han som er i dere, er større enn han som er i verden. De er av verden.

> Derfor taler de av verden, og verden hører dem.
> Vi er av Gud. Den som kjenner Gud, hører på
> oss. Den som ikke er av Gud, hører ikke på oss.
> På dette kjenner vi sannhetens ånd og
> villfarelsens ånd.

Her ser vi tydelig at antikrists, eller antimessias' ånd, har problemer med å anerkjenne den menneskelige siden ved Messias. I vers 2 og 3 i den svenske 1917-oversettelsen står det: «Hver og en ånd som bekjenner at Jesus er Kristus, kommet i kjødet, han er av Gud. **Men hver og en ånd som ikke slik bekjenner Jesus** [*dvs. at han er kommet i kjødet*], **han er ikke av Gud. Den ånden er antikrists ånd.**» Paulus forklarer at Jeshua «etter legemet er kommet av Davids slekt» (Rom 1,3). Det er denne menneskelige siden som antimessias sin ånd nekter å anerkjenne. Løftet til David er nemlig en alvorlig trusel mot hans plan om verdensherredømme.

I Paulus' andre brev til tessalonikerne 2 snakker Paulus om en åndsmakt som han kaller for «lovløshetens hemmelighet», som vil forberede veien for antikrist:

> La ingen narre dere på noen måte! For **først må frafallet komme og syndens menneske, fortapelsens sønn, bli åpenbart**, han som står imot og opphøyer seg over alt som kalles for gud eller helligdom, så han setter seg i Guds tempel og utgir seg for å være Gud. Husker dere ikke at jeg sa dette til dere da jeg fortsatt var hos dere?

Og nå vet dere hva som holder igjen så han først kan bli åpenbart i sin tid. **For lovløshetens hemmelighet er alt virksom.** Det er bare det at den som nå holder igjen, må ryddes av veien. Og så skal den lovløse bli åpenbart, han som Herren Jesus skal fortære med ånden fra sin munn og gjøre til intet ved åpenbaringen av sin ankomst. Og hans ankomst skjer med Satans kraftige virksomhet med all løgnens makt og tegn og under og med hele urettferdighetens forførelse for dem som går fortapt, fordi de ikke tok imot kjærlighet til sannheten så de kunne bli frelst. Og derfor sender Gud dem kraftig villfarelse, så de tror på løgnen for at alle de skal bli dømt, som ikke har trodd på sannheten men hatt velbehag i urettferdigheten.

Paulus' andre brev til tessalonikerne 2,3-12

Antimessias sin ånd, som fornekter Jeshuas menneskelige side, går hånd i hånd med lovløshetens hemmelighet. Her må vi våkne! Forkastelsen av Moseloven og fornektelsen av Jeshuas menneskelige identitet som Davids sønn vil i endens tid rulle ut den røde løperen for den falske messias.

Men våk hver tid og stund, og be, slik at dere kan være i stand til å flykte fra alt dette som skal komme og bli stående for Menneskesønnen.

Lukas' evangelium 21,36

KRISTUS ELLER MESSIAS?

Både Kristus og Messias er lånord i det norske språket. Kristus er en transkribering av det greske ordet *khristos*, og Messias er en transkribering av det hebraiske ordet *masjiakh*. Både *khristos* og *masjiakh* betyr «den salvede». Den salvede er et fullstendig jødisk begrep som er definert i de hebraiske, profetiske skriftene. Det er derfor som Paulus skriver i Romerbrevet at han er «kalt til apostel, utkåret til å forkynne Guds evangelium **som han tidligere lovte ved sine profeter i hellige skrifter**» (Rom 1,1-2).

Da apostlene forkynte evangeliet på gresk, brukte de oversettelsen *khristos*, som på gresk betyr «den salvede». Men da kirken senere oversatte evangeliet til andre språk, valgte man å ikke oversette det greske ordet *khristos* men å i stedet skape et helt nytt transkribert ord fra gresk som for eksempel Kristus på norsk eller Christ på engelsk. Dermed forsvant automatisk forbindelsen med Jeshuas jødiske identitet og de hebraiske skriftene. Det er nesten ingen som i dag assosierer ordet Kristus med Davids sønn eller Israels lovede Messias som apostlene forkynte.

De fleste utenforstående – og også mange kristne – oppfatter Kristus heller som Jesu etternavn. Dette betyr at det blir vanskelig å for eksempel forstå betydningen av ordene i Johannes' første brev 5,1: «Hver den som tror at Jesus er Kristus, han er født av Gud.» Dette tror vel nesten hvert eneste menneske i landet vårt. Det er en selvfølge at Jesus er Kristus. Hvis man isteden oversetter det greske ordet med «den salvede», så blir det litt annerledes. *«Hver den som tror at Jesus er den salvede, han er født av Gud.»* Da må man først finne ut hva «den salvede» handler om på grunnlag av det «som han tidligere lovte ved sine profeter i de hellige skrifter» fra og med Første Mosebok 1. Først av alt får man da vite at han er den lovede arvingen til Abraham og David.

I de fleste svenske biblene og i en del nyere engelske oversettelser har man valgt å oversette *khristos* med Messias der det finnes en klar forbindelse med Israel og det jødiske folket. I Svenska Folkbibeln bruker man Messias istedenfor Kristus hele 57 ganger, men det er kun i evangeliene og i Apostlenes gjerninger, aldri i brevene. Der blir det alltid oversatt med Kristus.

Man kan lure på hva som er årsaken til denne inkonsekvensen siden det alltid handler om det samme ordet i grunnteksten. De eneste unntakene er i Johannes' evangelium 1,41 og 4,25, der grunnteksten har ordet *messias*, som er en gresk transkribering av det hebraiske ordet *mosjiakh*. Dette viser at det eksisterte en slik transkribering på gresk men at apostlene valgte å alltid oversette *mosjiakh* med «den salvede», på gresk *khristos*.

Det finnes også fire plasser i Svenska Folkbibeln der *khristos* er oversatt med «den salvede». Det er Lukas' evangelium 2,26 angående gamle Simeon, Apostlenes gjerninger 4,26 der man siterer Salme 2 og to ganger i Johannes' åpenbaring. I alle tilfellene handler det om uttrykket Herrens salvede eller hans salvede der man åpenbart synes at «Herrens Kristus» eller «hans Kristus», eller «Herrens Messias» respektive «hans Messias» høres litt forvirrende ut.

Når det handler om evangeliet og vår frelse, der det ikke finnes noen tydelig forbindelse med det jødiske folket i sammenhengen og framfor alt konsekvent alltid hos Paulus, blir *khristos* transkribert med Kristus. Bevisst eller ubevisst skaper dette en forestilling om at vår frelse ikke har noe med løftene til Israel eller deres framtid å gjøre. Messias har med Israel å gjøre. Kristus har med kirken å gjøre. Finnes det to forskjellige Kristus?

Gir det for eksempel litt andre assosiasjoner hvis man oversetter Apostlenes gjerninger 8,5 med følgende: «Filip kom da ned til en by i Samaria og forkynte Messias for dem.» Det handler jo om nøyaktig den samme personen og nøyaktig det samme ordet i grunnteksten. Eller Romerbrevet 6,3: «Eller vet dere ikke at vi som ble døpt til Messias Jesus, ble døpt til hans død?» Hvis vi er blitt døpt til Israels lovede Messias, blir plutselig Jeshuas ord til den samaritanske kvinnen om at «frelsen kommer fra jødene», mer naturlige. Det ville antagelig ha blitt mye vanskeligere for jødehatet å få et så sterkt fotfeste innenfor kirken. Det er jo ingen forskjell på Israels lovede Messias og vår frelser. Spørsmålet er bare hvor mange som vil kjenne igjen Davids sønn, jødenes lovede Messias, når han kommer tilbake til Jerusalem igjen? Blir det et kultursjokk for mange?

Helt siden Israel ble en uavhengig stat igjen i 1948 og Jerusalem ble forenet under jødisk suverenitet, og flere jøder har begynt å komme til tro på sin lovede jødiske Messias, Jeshua fra Nasaret, har det begynt en teologisk revolusjon. Vi begynner å få en hel bibel igjen fra perm til perm, uten noen motsetninger mellom det som profetene og apostlene har talt. Det blir vanligere at man sier Messias istedenfor Kristus for å få et helhetsbilde av vår Herre og Mester. Det blir vanligere at man bruker Jesu opprinnelige jødiske navn, Jeshua, istedenfor den norske transkriberingen Jesus, som kommer fra en latinsk transkribering av den greske transkriberingen Iesous fra det hebraiske navnet Jeshua. Man betrakter ikke lenger frelsen som noe som er adskilt fra Israel.

Vi nærmer oss den situasjonen som rådet da evangeliet først ble forkynt ut fra Jerusalem for to tusen år siden. Det tar tid før vi helt og fullt kan trenge igjennom 1800 år med erstatningsteologi og og antijødiske tanker tilbake til den opprinnelige troen fra Jerusalem, som er bygget på apostlenes og profetenes grunnvoll. Men det er nødvendig at vi gjenoppdager hele Skriftens vitnesbyrd om Guds Sønn som «*ekhad*», ett med Faderen, men også som den jødiske rabbineren og arvingen til Davids trone, Jeshua Messias fra Nasaret.

LITTERATURLISTE

Bauckham, R, *Jesus and the God of Israel: God Crucified and Other Studies on the New Testament's Christology of Divine Identity*, Eerdmans, 2009.

Bowman jr, R M och Komoszewski, J E, *Putting Jesus in His Place: The Case for the Deity of Christ*, Grand Rapids, MI: Kregel Publications, 2007.

Frey, J S, *The Divinity of the Messiah*, Jerusalem: Keren Ahvah Meshihit.

Gruber, D, *The Separation of Church and Faith, Vol. 1 – Copernicus and the Jews*, Elijah Publishing, 2006.

Lancaster, D, *King of the Jews*, Littleton, Colorado: First Fruits of Zion, 2006.

Ronning, J L, *The Jewish Targums and John's Logos Theology*, Peabody, MA: Hendrickson Publishers, 2010.

Santala, R, *The Messiah in the Old Testament in the Light of Rabbinical Writings*, Jerusalem: Keren Ahvah Meshihit.

Zetterholm, M, *Lagen som evangelium? Den nya synen på Paulus och judendomen*, Studentlitteratur, Lund 2006.

OM FORFATTEREN

Lars Enarson fra Sverige er grunnlegger og president for *The Watchman International*, en organisasjon som er viet til å «forberede veien for Messias». En viktig del av tjenesten er *The Elijah Prayer Army*, et verdensomspennende nettverk av bønn for Israel og Midtøsten.

Lars har vært i heltidstjeneste siden begynnelsen av 1970-tallet. Han har en pasjon for å se en gjenopprettelse i våre dager av det opprinnelige, apostoliske evangeliet fra Jerusalem.

Lars bor sammen med sin kone Harriet i Israel der han produserer TV-programmet *On the Walls of Jerusalem* og en video med bønnevarsler. I videoene er det profetisk innsikt, rapporter og spesielle bønnebegjær for dagens situasjon i Midtøsten. Han har skrevet flere bøker og er en bibellærer som reiser mye over hele verden.

«Snublesteinen» er forfatterens tredje bok som er oversatt til norsk. Den første boka heter «Den store skjøgen», og den kom ut på norsk i 2010. Den andre boka kom ut på norsk i juni 2018 og fikk navnet «En trengselstid for Jakob».

For mer informasjon kan du besøke hjemmesidene hans:

thewatchman.se og *larsenarson.com* på svensk eller *thewatchman.org* på engelsk.

OM FORLAGET

Israelbok er en underavdeling av forlaget Himmel-
bok. Himmelbok er et forlag som både utgir egne
bøker, og som gjør det mulig for uavhengige norske
forfattere å få utgitt bøkene sine på norsk. Himmel-
boks bøker er til salgs på www.himmelbok.no. Per
jun 2019 er følgende bøker om Israel til salgs via
Himmelbok.

Jon Andersen: *Hvem bryr seg om palestinerne?*
Bok nummer en i serien «Israel og nasjonene».
Boka handler om Israels forhold til de
palestinske araberne.

Jon Andersen: *Israel – Fra Dan til Beer Sheva.*
Dette er en reisehåndbok som beskriver mer enn
200 severdigheter over hele Det hellige land med
fargefotografier fra de fleste severdighetene.

Jon Andersen: *Onkel Sam eller onkel Judas?* Bok
nummer to i serien «Israel og nasjonene». Boka
handler om Israels forhold til USA.

111

Jon Andersen: *Slagmark – Israels historie 1945-2009*. Denne boka ble opprinnelig utgitt på Hermon Forlag i 2009. En ny, heftet billigutgave av boka er nå til salgs.

Ramon Bennett: *Epler av gull*. Bennett skriver her ei bok om mange skatter som man kan finne i Bibelen hvis man bare leter i den hebraiske teksten.

Lars Enarson: *En trengselstid for Jakob*. Den svenske predikanten og bønnelederen Lars Enarson skriver her om Israel og menigheten i endetiden.

Lars Enarson: *Snublesteinen*. Enarsons bok handler om skriftenes vitnesbyrd om Messias' guddommelighet.

Theodor Herzl: *Den jødiske staten*. Bok nummer en i serien «Sionismens klassikere».

Max Nordau: *Sionismen*. Bok nummer to i serien «Sionismens klassikere».

www.himmelbok.no

Ønsker du også å skrive og gi ut dine egne bøker? Himmelbok publiserer og selger bøker av forskjellige kristne forfattere. Besøk **www.himmelbok.no** for mer informasjon!